NZZ LIBRO

SCHRIFTEN DES SCHWEIZERISCHEN INSTITUTS
FÜR AUSLANDFORSCHUNG
BAND 1

Begründet von
Dr. Dr. h.c. Martin Meyer

SCHWEIZERISCHES INSTITUT
FÜR AUSLANDFORSCHUNG

www.siaf.ch

Kaspar Villiger

Demokratie und konzeptionelles Denken

Politik im Spannungsfeld von ökonomischen Zwängen, Emotionen und Zufällen

Verlag Neue Zürcher Zeitung

Bibliografische Information der Deutschen Nationalbibliothek

Die Deutsche Nationalbibliothek verzeichnet diese Publikation in der Deutschen Nationalbibliografie; detaillierte bibliografische Daten sind im Internet über http://dnb.d-nb.de abrufbar.

Umschlag: Gysin | Konzept + Gestaltung, Chur
Gestaltung, Satz: Gaby Michel, Hamburg
Druck, Einband: Kösel GmbH, Altusried-Krugzell

ISBN 978-3-03810-099-7

www.nzz-libro.ch
NZZ Libro ist ein Imprint der Neuen Zürcher Zeitung

MIX
Papier aus verantwortungsvollen Quellen
FSC® C013736
FSC www.fsc.org

Inhalt

Zum Geleit

Seit je definiert sich das Schweizerische Institut für Auslandforschung als Kompass für das Weltverstehen. 1943 in schwieriger Zeit in Zürich gegründet, avancierte es bald zum Kompetenzzentrum für Fragen des Verhältnisses der Schweiz zum Ausland. Insbesondere politische, wirtschaftliche und gesellschaftliche Themen und Analysen wurden behandelt. Vorträge, Tagungen und – damals auch noch – wissenschaftliche Gutachten bildeten die Schwerpunkte der Arbeit. Aufgabe und Ziel des Instituts war es, einer interessierten Öffentlichkeit zu vermitteln, was «draussen in der Welt» geschah und nach Einordnung rief.

Daran hat sich bis heute wenig geändert. Mit hochkarätigen Vorträgen will das Institut, das seit seiner Gründung mit der Universität Zürich assoziiert ist, unsere Gegenwart vor dem Hintergrund sowohl der Aktualitäten wie auch der nachhaltigeren Entwicklungen beleuchten und erforschen. Die Zyklen der Referate entsprechen dem Frühjahrs- und dem Herbstsemester an der Universität Zürich. Hinzu kommen Sonderveranstaltungen, die den Gesprächs- und Diskussionsrahmen weiter öffnen.

Eine rege Publikationstätigkeit begleitet die Programme. Das Jahrbuch des SIAF publiziert die meisten Vorträge des Jahres in fasslicher Form und bietet damit einen Rück- und Überblick auf die diversen Aktivitäten. Im Jahr 2013 und aus Anlass des 70-jährigen Bestehens des Instituts erschien der umfangreiche Band *Die Welt verstehen,* der 30 wichtige Referate aus der Vergangenheit des Instituts bis in unsere Zeit hinein gesondert wieder zugänglich macht.

Die vorliegende Publikation ist ein neues Format. Zusätzlich zum Jahrbuch wird von nun an eine Schriftenreihe präsentiert, die jeweils jährlich einen Essay zum Zeitgeschehen anbietet. Damit will das Institut über den Rhythmus seiner Veranstaltungen hinaus zusätzlich verdichtend intellektuelle Nachhaltigkeit schaffen. Die Essays oder Aufsätze wenden sich an ein allgemein interessiertes Publikum und bringen zentrale Themen und Probleme einer Welt im Umbruch zur Sprache.

Wenige Politiker und Unternehmer waren und sind nicht nur in ihrem unmittelbaren Wirken, sondern auch als Kommentatoren und Vordenker so stark beachtet wie Kaspar Villiger. Der ehemalige Bundesrat in verschiedenen Ämtern und spätere Präsident einer Grossbank unter herausfordernden Bedingungen ist dazu prädestiniert, unsere neue Reihe zu eröffnen. Sein Interesse kreist um Fragen, die uns alle beschäftigen müssen. Wie ist es um die Freiheit im Zeitalter neuer Formen des Politisierens bestellt? Welchen Stellenwert muss die Demokratie im Rahmen ihrer rechtsstaatlichen Verfasstheit beanspruchen? Welche Bedingungen müssen erfüllt sein, damit ein Land und seine Gesellschaft im globalen Wettbewerb bestehen können? Wie definiert sich heute und künftig die Rolle des Einzelnen? Welche Zukunft und Gestaltungskraft haben die Werte des Liberalismus?

Mit solchen Leitmotiven befasst sich Kaspar Villiger seit Jahrzehnten – in Aufsätzen, in Vorträgen, in Reden, in Gesprächen und in Büchern. Der vorliegende Essay denkt diese Tätigkeiten weiter. Wir freuen uns sehr, ihn als Ouvertüre zur neuen Schriftenreihe des Instituts für Auslandforschung im 73. Jahr seiner Tätigkeit präsentieren zu können.

Dr. Martin Meyer, Präsident des Vorstands
Schweizerisches Institut für Auslandforschung

1.
Einleitung

Wer die heutige Welt durch den Filter der Medien betrachtet, muss zum Schluss gelangen, dass so ziemlich alles schiefläuft. Bei kaum einer der grossen aktuellen Krisen sind nachhaltige Lösungen in Sicht. Trotz aller Bändigungsversuche morden die Schergen des Islamischen Staats wahllos weiter und zerstören wertvolles kulturelles Erbe. Im Ukrainekonflikt klaffen halbwegs vernünftige Aussagen und üble Taten auseinander wie eh und je. Die Flüchtlingsströme aus gescheiterten afrikanischen, asiatischen und nahöstlichen Staaten schwellen beängstigend an, ohne dass jemand ein taugliches Rezept dagegen hätte. Es ist, als ob zahllose lokale Diktatoren und Warlords die Überdehnung der Ordnungsmacht USA und die Schwäche der Europäischen Union (EU) lustvoll nutzten, um relativ ungestört ihre trüben Süppchen zu kochen, sei es in Afghanistan, Nigeria, Syrien, Simbabwe oder im Sudan, um nur eine Handvoll zu erwähnen. Die EU, eigentlich ein historisch gesehen beispiellos erfolgreiches Projekt, hüpft von Krisengipfel zu Krisengipfel und verheddert sich immer tiefer in Schulden und mit ökonomischen Fehlanreizen gespickten Feuerwehrübungen. Unterdessen erwärmt sich der Planet fröhlich weiter. Bewährte Demokratien kämpfen mit enormen Problemen, und als ob das alles nicht genügte, machen ihnen populistische Bewegungen mit simplen, aber leider untauglichen Rezepten das Leben zusätzlich schwer. Die Demokratie als politisches Ideal verliert rapide an Glanz. Hunger, Arbeitslosigkeit, Krankheiten, Armut und störende soziale Unterschiede erscheinen als allgegenwärtig. Es ist, als ob einem grossen Teil der politischen Führungselite jegliche Vernunft abhanden gekommen wäre. Die freudvolle Erwartung nach dem Zusammenbruch des realen Sozialismus 1989, Demokratie und Marktwirtschaft hätten sich endgültig durchgesetzt und würden nun eine bessere Welt schaffen, hat sich nicht erfüllt.

Wir wissen heute, dass die Menschen an schlechten Nachrichten interessierter sind als an guten und die schlechten erst noch stärker gewichten – eine entwicklungsbiologisch erklärbare angeborene Reaktion! –, und wir wissen, dass die Medien das wissen und nach dem Grundsatz «Good news are no news» auch ihrerseits die schlechten Nachrichten übergewichten und häufig erst noch überzeichnen. Die Frage stellt sich deshalb, ob unser Bild der Welt nicht zu negativ sei. Die Antwort auf diese Frage ist deshalb relevant, weil die Menschen ihr Handeln nicht nach den faktischen Zuständen ausrichten, sondern nach ihrer Wahrnehmung dieser Zustände. Auch wenn die Fülle der ungelösten Probleme auf der Welt tatsächlich enorm und beängstigend ist und die euphorischen Erwartungen nach dem Zusammenbruch der Sowjetunion bei Weitem nicht erfüllt wurden, gibt es nicht nur Negatives zu vermerken. Die globale Wohlstandszunahme in den letzten 60 Jahren ist historisch ohne Vergleich. Trotz Bevölkerungsexplosion sind Hunderte Millionen Menschen der Armut und dem Hunger entronnen. Das Erreichen der Millenniumsziele der UNO bezüglich Hunger und Armut ist in Griffnähe.[1] Für einen grossen Teil der Menschheit hat sich die Lebensqualität markant verbessert. In vielen Schwellenländern wächst ein Mittelstand heran, der sich einiges leisten kann. Steven Pinker diagnostiziert eine Abnahme der Gewalt in der menschlichen Gesellschaft im Laufe der Geschichte.[2] Europa, jahrelang Schauplatz blutiger Konflikte, hat eine stabile Friedensunion geschaffen. Millionen Menschen bereisen den Planeten ständig gefahrlos. Die Lebenserwartung der meisten Menschen steigt von Jahr zu Jahr. Noch nie in der Geschichte haben so viele gut ausgebildete Menschen geforscht und neue, innovative Lösungen gesucht. Daron Acemoglu und Mitautoren zeigen in einer neuen Arbeit, dass Demokratien trotz aller Probleme längerfristig ein höheres Wachstum erarbeiten als autoritär geführte Staaten, ein Befund, der angesichts des Aufstiegs gelenkter und autoritärer Demokratien nicht mehr als offensichtlich erschien.[3] Es ist deshalb falsch, ob der Problemfülle in lähmenden Pessimismus zu verfallen. Es gibt handfeste Fortschritte zu verzeichnen, und ständige weitere Fortschritte sind möglich, wenn man denn die richtigen Massnahmen trifft.

Dass viele Länder, darunter die Schweiz, Reichtum und hohe Lebensqualität erarbeiten, belegt, dass ein Kollektiv von Menschen mittels harter Arbeit und geeigneter Organisationsformen Wohlstand und Wohlfahrt zu erzeugen vermag. Man kann es auch umgekehrt ausdrücken: Ein Land, das es auf keinen grünen Zweig bringt, muss etwas falsch machen. Das führt zur Frage, welche Kombination von kulturellen und institutionellen Faktoren es einem Kollektiv gewöhnlicher Menschen mit allen ihren Stärken und Schwächen ermöglicht, ein wohlhabendes und stabiles Gemeinwesen zu formen. Daraus ergibt sich automatisch eine zweite Frage: Was muss geschehen, damit dieser Zustand über Jahrzehnte erhalten werden kann? Die Geschichte zeigt ja, dass die Entwicklung von Staaten nicht nur in eine Richtung, nämlich Richtung wachsenden Wohlstandes geht, sondern dass Staaten auf- und absteigen. Weil jede Frage neue Fragen hervorbringt, entstehen weitere Anschlussfragen: Welche Rolle spielt der Zufall bei der Entwicklung eines Staates? Wie können in einer Demokratie angesichts des komplexen und oft chaotischen Umfelds einer vernetzten Welt und ob der Anfälligkeit der Menschen für irrationales Handeln die langfristig richtigen Entscheide gefällt werden? Welche Rolle spielen wissenschaftliche Erkenntnisse, welche Rolle spielen die Politiker, die Medien und die Wirtschaftsführer? Wie viele Freiheitsgrade besitzt ein Nationalstaat überhaupt noch? Stimmt es, dass – wie Jakob Tanner[4] unlängst behauptete – shareholder-value-orientierte Grossfirmen den politischen Raum der Nationalstaaten zunehmend kolonisieren?

Bei alledem ist die Frage der Durchsetzung wichtiger und oft schmerzhafter Reformen in einer Demokratie von besonderem Interesse. Diese Durchsetzung ist ein überaus schwieriges und kompliziertes Unterfangen. Während im Unternehmen die Umsetzung eines Entscheids verfügt werden kann, muss eine Regierung sich zunächst auf ein Vorgehen einigen, nachher in einem aus kontroversen Kräften zusammengesetzten Parlament eine Mehrheit suchen, wobei immer wieder die Zustimmung einzelner parlamentarischer Gruppen von Geschenken auf anderen Gebieten abhängig gemacht wird, und in einer direkten Demokratie muss am Schluss eine Mehrheit im Stimmvolk gefunden werden. Dabei wird eine Regierung nicht nur darauf achten, ob der Lösungsvorschlag geeignet ist, ein bestimmtes Problem wirklich in den Griff zu bekommen, sondern auch darauf, welche Folgen für ihre Wiederwahl zu erwarten sind. Erschwerend kommt dazu, dass es im komplexen Umfeld einer vernetzten Welt keine einfachen Lösungen ohne unerwünschte Nebenwirkungen mehr gibt. Gleichzeitig werden von der politischen Konkurrenz alternative Lösungen angeboten, und weil diese Konkurrenz den Tatbeweis für die Tauglichkeit ihrer Vorschläge nicht erbringen muss, kann sie gefahrlos das Blaue vom Himmel herab versprechen. Wer in der Politik Verantwortung trägt, muss sich deshalb in einem Dschungel sich widersprechender Kräfte und Restriktionen einen Weg zum Ziel bahnen. Dabei gibt es kein Patentrezept, wie am besten vorzugehen wäre. In einer akuten Krisensituation wie beim Zusammenbruch der Swissair wird man anders vorgehen als bei der Bewältigung eines sich schleichend entwickelnden Missstandes wie im Falle steigender Staatsverschuldung oder erodierenden Föderalismus'. Wieder anders ist die Situation, wenn der Bundesrat vom Parlament oder gar vom Volk beauftragt wird, eine Massnahme umzusetzen, die er im Grunde für falsch oder überflüssig hält. Obwohl jedes politische Projekt sein eigenes Gesicht und seine eigenen Charakteristiken hat, gibt es durchaus gewisse Erkenntnisse, die zu bedenken sich lohnt.

Solchen und ähnlichen Fragen gehe ich in den folgenden Kapiteln aufgrund meiner unternehmerischen und politischen Erfahrungen nach. Ich beschreibe zunächst die vier wohl wichtigsten Triebkräfte des politischen Geschehens: die Menschen, die Institutionen, die Kultur und den Zufall. Diese interagierenden Triebkräfte bilden ein komplexes Kräftepolygon, dessen Resultante die Entwicklung eines Gemeinwesens antreibt, sei es Richtung Erfolg oder Misserfolg. Anschliessend entwickle ich einige Gedanken zu den Stärken und Schwächen von Demokratien, um am Schluss die Erkenntnisse an zwei politischen Grossprojekten zu veranschaulichen, an denen ich während meiner Bundesratszeit massgeblich mitarbeiten durfte.

Dabei werde ich nicht umhin kommen, deutliche Kritik an der mangelnden Reformfähigkeit vor allem europäischer Staaten zu üben. Ich versuche allerdings, das nicht einfach in der Pose jener Zeitgenossen zu tun, die alles besser wissen, aber nie Verantwortung für konkretes Handeln übernehmen müssen. Ich weiss aus eigener Erfahrung, wie enorm schwierig es ist, etwa die Unternehmenskultur eines Grosskonzerns zu verändern oder ein politisches Projekt ohne zu starke Verwässerungen im verwickelten demokratischen Prozess zum Erfolg zu führen. Ich habe auch grossen Respekt vor vielem, was beispielsweise in der Eurozone unter schwierigsten Umständen zur Bewältigung der Eurokrise und der Griechenlandkrise geleistet worden ist, sogar in Griechenland selbst. Politisches Handeln in Demokratien ist immer holprig, begleitet von Umwegen und Sackgassen. Aber der Respekt vor jenen, die zum Handeln unter schwierigsten Umständen verurteilt sind, kann mich nicht daran hindern, klar zu benennen, wo ich gravierende frühere Fehler vermute, die in die Krise führten, und wo ich ebenso gravierende Fehler bei der Bewältigung dieser Krise sehe. Meine eigenen Erfahrungen mit den Schwierigkeiten von Reformen, und dies erst noch als Verantwortlicher in einem politisch und wirtschaftlich privilegierten Land, lassen mich aber in aller Bescheidenheit nicht vergessen, wie viel einfacher Kritisieren als verantwortliches Handeln ist.

Auf der Basis der Analyse von einigen verhaltensökonomischen, institutionellen und kulturellen Faktoren formuliere ich Leitideen für wirtschaftspolitisches Handeln und konkrete Reformarbeit. Dabei bezeichne ich als *Take-aways* plakativ formulierte und für die Politik wichtige Erkenntnisse, die ich aus Überlegungen zur Natur des Menschen, zu den Institutionen, zur Kultur, zur Demokratie, zur Marktwirtschaft und zum Zufall herleite. Danach entwickle ich einfache und, so hoffe ich, auch für Laien verständliche *Leitplanken,* an denen eine Wirtschaftspolitik, die Wohlstand schaffen muss, gemessen werden kann. Schliesslich versuche ich, eine Art typischen *Reformablauf* zu skizzieren, der Hinweise auf ein mögliches konkretes Vorgehen bei komplexen Reformvorhaben vermitteln könnte.

Es wird sich zeigen, dass sich Leitplanken in der praktischen Politik auch gegenseitig ins Gehege kommen können. Die Einhaltung von Prinzipien in der Politik ist immer ein Optimierungs-, selten ein Maximierungsprozess. Solche Austarierung von Spannungsfeldern ist die wohl schwierigste Aufgabe der Politik.

2.
Das Triebkräfte-Polygon

Es gibt kein Beispiel einer Gesellschaft, die ohne staatliche Strukturen nachhaltigen und einigermassen breit verteilten Wohlstand schuf. Von Korruption und mafiösen Strukturen zersetzte gescheiterte Staaten mögen die Bildung oligarchischer Eliten mit grossem Reichtum ermöglichen. Aber es wird sich nie nachhaltige Prosperität für alle einstellen. Es braucht also Spielregeln, die teils unter Sanktionsdrohung durchgesetzt und teils freiwillig befolgt werden, damit die Menschen Wohlstand erarbeiten können und wollen. Auch eine Marktwirtschaft, die ohne hinreichende Freiräume nicht auskommt, bedarf langfristig berechenbarer und konsequent durchgesetzter Regeln, weil sie selbst die Bedingungen für ihr Gedeihen nicht zu schaffen vermag. Es sind die Institutionen, die dieses Regelwerk verkörpern.

Nun ist bekanntlich bei Weitem nicht jeder Staat erfolgreich. Es ist deshalb entscheidend, welche Anreize die staatlichen Institutionen den handelnden Menschen vermitteln. Weil aber auch die besten Gesetze sowie die am klügsten strukturierten Regierungssysteme und staatlichen Organisationseinheiten nur funktionieren, wenn sie von den Menschen als glaubwürdig akzeptiert sind und wenn Gesetze befolgt werden, und weil man in der realen Welt nie alles regulieren kann, sind auch kulturelle Faktoren von Bedeutung. Was man tut oder was man nicht tut, ist für das Funktionieren eines Staates von Belang.

Obwohl die globale Vernetzung von Wirtschaft und Politik zwischenstaatliche Zusammenarbeit und die Schaffung transnationaler Strukturen nötig macht, um komplexe globale Probleme anzugehen, bleibt der Nationalstaat die dominante Organisationsstruktur menschlicher Zusammenarbeit. Nur innerhalb definierter Grenzen können sich eine Identität und eine Kultur entwickeln. Weltregierungsträume werden sich so rasch nicht realisieren lassen.

Auch Zufälle wie Naturkatastrophen, feindliche Einflussnahmen von aussen, eingeschleppte Epidemien oder was auch immer können den Erfolg eines Staates beeinflussen. Damit sind vier wesentliche Triebkräfte erfasst, die über Erfolg oder Misserfolg eines Staates bestimmen: das Verhalten der Menschen, wie sie eben sind, die Institutionen mit ihren Anreizwirkungen, die gelebten, aber nicht kodifizierten Verhaltensmuster sowie der Zufall, der immer auch das Unerwartete und nicht Vorhersehbare erzeugt.

Der Mensch

Wenn man Wirtschaft und Politik verstehen will, muss man sich zunächst mit dem Verhalten der Menschen beschäftigen. Dabei scheint mir wichtig, dass man die Menschen so sieht und akzeptiert, wie sie eben sind: unvollkommen, voller Stärken und Schwächen, mit guten und bösen Eigenschaften und vor allem mit grossen individuellen Unterschieden. Ideologen haben immer wieder versucht, die Menschen nach ihrer Vorstellung zu formen und zu verändern, sei es durch Erziehung, Gehirnwäsche oder gar Gefängnis und Folter. Ob das sozialistische, faschistische oder religiöse Ideologien waren: Die Versuche ähnelten sich, ebenso die mit Händen zu greifende Erfolglosigkeit. Adenauer pflegte zu sagen, man müsse die Menschen nehmen, wie sie seien, man kriege keine besseren. Oder wie es vor Jahren ein Wirtschaftskapitän ausdrückte: erfolgreich führen heisse, mit durchschnittlichen Menschen Überdurchschnittliches zu leisten. Das gilt auch für erfolgreiche Politik!

Mir scheint, fünf Erscheinungsformen menschlichen Wirkens seien in unserem Zusammenhang von Belang: das egoistische Handeln, das altruistische Handeln, das vernünftige Handeln, das irrationale Handeln und der Einfluss des Handelns herausragender Persönlichkeiten. Ich will dazu einige Stichworte geben, obwohl jeder einzelne Punkt eine Abhandlung wert wäre.

Dass *Menschen egoistisch handeln*, entspricht der Lebenserfahrung. Mein Onkel pflegte zu sagen, es sei schon traurig auf dieser

Welt: «Jeder denkt nur an sich, und nur ich denke an mich!» Wenn man wirtschaftliche Gesetzmässigkeiten analysieren will, muss man durch Vereinfachung Komplexität reduzieren und versuchen, den Einfluss wichtiger Variablen zu isolieren und zu quantifizieren. Weil das Verhalten von Menschen die wichtigste ökonomische Einflussgrösse überhaupt ist, haben Theoretiker versucht, dieses Verhalten durch die Rückführung auf einfache handlungsleitende Prinzipien berechenbar zu machen. So entstand der berühmte Homo oeconomicus, eine konstruierte Kunstfigur, welche die Fähigkeit zu uneingeschränkt rationalem Verhalten hat und konsequent nach Maximierung seines Nutzens oder seines Gewinns strebt. Adam Smith beschrieb anschaulich und plausibel, dass es der bestmöglichen Güterversorgung der Gesellschaft diene, wenn der Einzelne seine Interessen nach der bestmöglichen Befriedigung seiner eigenen Bedürfnisse verfolge.[5] Viele Modelle, die auf dem Homo oeconomicus als rationalem Nutzenmaximierer beruhen, erklären denn auch viele wirtschaftliche Phänomene zutreffend. In jedem von uns steckt eben ein kleinerer oder grösserer Egoist.

Die Lebenserfahrung zeigt allerdings, dass Egoismus keineswegs die einzige Triebkraft ist, die unser Handeln bestimmt. Der gleiche Adam Smith, der immer wieder als Kronzeuge für die Existenz des Homo oeconomicus herhalten muss, erkannte schon die Existenz altruistischer menschlicher Verhaltensweisen. So schrieb er unter anderem Folgendes: «Man mag den Menschen für noch so egoistisch halten, es liegen doch offenbar gewisse Prinzipien in seiner Natur, die ihn dazu bestimmen, am Schicksal anderer Anteil zu nehmen, und die ihm selbst die Glückseligkeit dieser anderen zum Bedürfnis machen, obgleich er keinen anderen Vorteil daraus zieht als das Vergnügen, Zeuge davon zu sein.»[6] In der Verhaltensökonomie spricht man von Fairnesspräferenzen vieler Menschen. Ernst Fehr fasste den verhaltensökonomischen Kenntnisstand so zusammen: Menschen mit einer Präferenz für Fairness seien bereit, sogar auf wertvolle Ressourcen zu verzichten, um einen fairen Zustand herbeizuführen. Sie seien aber auch bereit, andere für die Verletzungen von Fairnessnormen zu bestrafen, sogar unter Inkaufnahme eigener Kosten. Das könne für Egoisten sogar ein Anreiz sein, ihrerseits eine Reputation zur Einhaltung von Fairnessnormen aufzubauen. Deshalb hätten Fairnesspräferenzen selbst dann grosse Auswirkungen auf die Gesellschaft, wenn nur eine Minderheit von Menschen fairnessorientiert sei.[7] Diese Erkenntnisse sind in unserem Zusammenhang relevant: Wenn eine Politik zu als unfair wahrgenommenen Ergebnissen führt, bilden sich Unmutsgefühle in der Bevölkerung, die bis zu Hass auf als Profiteure perzipierte Menschen führen können. Die sogenannte Abzockerdebatte in der Schweiz hat das beispielhaft vor Augen geführt. Man hatte den Eindruck, viele erboste Bürger hätten sogar eigene Wohlfahrtseinbussen in Kauf genommen, wenn sie nur den vermeintlichen Abzockern eins hätten auswischen können. Die Schaffung fairer Verhältnisse muss mithin ein Ziel der Politik sein. Sie ist eine wichtige Voraussetzung zur Bildung einer stabilen Gesellschaft. Auf der Basis dieser Überlegungen möchte ich das grundlegend wichtige erste *Take-away* festhalten:

Take-away 1: Die meisten Menschen handeln zwar durchaus egoistisch und sind oft rationale Nutzenmaximierer. Aber sie haben auch angeborene Fairnesspräferenzen. Diese Fairnesspräferenzen haben grossen Einfluss auf unsere Gesellschaft und müssen in der Wirtschaftspolitik in Rechnung gestellt werden. Eine als unfair wahrgenommene Gesellschaftsordnung ist nicht stabil.

Bevor ich auf die mit vernünftigem und irrationalem Handeln verbundenen Fragen eingehe, möchte ich kurz einige Aspekte der Arbeitsweise unseres Gehirns beleuchten. Sie sind für das Verständnis auch des politischen Verhaltens von Menschen von Belang.

Unser Gehirn ist ein unglaublich leistungsfähiges Wunderwerk. Es steuert nicht nur unsere komplexen unbewussten Körperfunktionen. Es registriert und verarbeitet permanent Sinneseindrücke, produziert damit Abbilder von unserer Umwelt, steuert unsere Reaktionen darauf und begleitet den ganzen Prozess mit schwer fassbaren, aber wichtigen Empfindungen, die wir Gefühle nennen. Wir können nicht wissen, wie genau das vom Hirn produzierte Abbild der Umwelt der Wirklichkeit entspricht, denn das begleitende Gefühl von richtig oder falsch kann trügen. Aber die Tatsache, dass wir meist gut durchs Leben kommen, belegt, dass unser Gehirn im Allgemeinen rasch, effizient und zuverlässig arbeitet. In Anlehnung an die Erkenntnisse von Nobelpreisträger Daniel Kahneman, der modellhaft von einem System 1 und System 2 bei der Arbeitsweise des Gehirns spricht,[8] könnte man stark vereinfacht zwei Zustandsmodi des Gehirns definieren: der Spontanmodus und der Analysemodus. Im Spontanmodus, dem Normalzustand unseres Gehirns, arbeitet es rasch, effizient und ohne merkliche Anstrengung. Sobald Schwierigkeiten auftauchen oder wenn wir das bewusst wollen, schaltet es in den Analysemodus. Es konzentriert sich auf ein Problem, konstruiert geordnete Gedanken, erstellt Analysen. Das ist anstrengend, braucht eine gewisse Überwindung, erfordert Konzentration und Selbstkontrolle.

Nun ist unser Gehirn je nach Umständen für systematische Fehler anfällig. Seine Leistungsfähigkeit kann durch sogenannte kognitive Verzerrungen beeinträchtigt werden.[9] Wer sich selber selbstkritisch betrachtet, wird sehr leicht solche Verzerrungen auch bei sich selber feststellen. Es ist dies eine Übung, die ich nur empfehlen kann. Vor allem im Spontanmodus kommen Logik und Bewusstsein für statistische Zusammenhänge zu kurz. Wenn wir mit dem Auto an einem Unfall vorbeifahren, sind wir nachher für eine Weile wesentlich vorsichtiger, obwohl sich die Unfallwahrscheinlichkeit nicht verändert. Wenn wir im Fernsehen einen Flugzeugabsturz sehen, nehmen wir vielleicht für die nächste Reise das Auto, obwohl dies von der Wahrscheinlichkeit her viel gefährlicher ist.

Wenn unser Hirn durch ein Ereignis aktiviert wird und eine Vorstellung vom Ereignis produzieren muss, ruft es automatisch andere assoziative Vorstellungen wach, die es – auch dies eine angeborene Reaktion – zu möglichst kohärenten Kausalketten verknüpft. Es verbindet mit anderen Worten Ereignisse und Wörter zu einer kausal stimmigen Geschichte.[10] Weil das Gehirn dabei assoziativ nur im Gedächtnis schon gespeicherte Informationen abrufen kann und vielleicht viel relevantere und wichtigere nicht, weil sie eben nicht gespeichert sind, bilden diese Geschichten die Wirklichkeit häufig verzerrt oder gar nicht ab. Es entstehen voreilige Schlussfolgerungen, die falsch sein können, wenn wir nicht bewusst in den anstrengenden Analysemodus umschalten. So werden beispielsweise zufällige Korrelationen als kausal wahrgenommen. Vor allem in der Politik ist diese verzerrte Wahrnehmung häufig: Jemand, der seinen Job infolge Strukturwandels verliert, führt das beispielsweise auf die Zunahme ausländischer Arbeitskräfte zurück. Das kann ihn in die Arme einer populistischen politischen Bewegung treiben, die bewusst solche verzerrte Wahrnehmungen politisch ausbeutet. Ob unsere Sicht der Dinge zutrifft oder nicht, hängt also stark von den Informationen und deren Qualität ab, die wir schon gespeichert haben, aber auch vom Aufwand, den wir für die Analyse betreiben. Weil aber kein Mensch sein Gehirn bei jedem Ereignis oder Problem sofort in den Analysemodus versetzen kann, dominiert der Spontanmodus unser tägliches Leben weitgehend.

Dazu kommt, dass andere verzerrende Faktoren unsere Gewichtung von Informationen beeinflussen. Was uns vertraut und bekannt vorkommt, glauben wir eher als Ungewohntes, Unvertrautes. Es ist uns sympathischer. Vorlieben und Abneigungen beeinflussen unsere Überzeugungen stark. Unsere politischen Präferenzen entscheiden oft darüber, welche Argumente wir überzeugend finden und welche nicht. Deshalb nehmen viele Politiker nur jene Argumente wirklich auf (oder suchen sie so zusammen), die ihre vorgefasste Meinung bestätigen. Weil unser Gehirn Wahrheit von Vertrautheit nur schwer unterscheiden kann und weil die häufige Wiederholung einer Aussage solche Vertrautheit schafft, glauben viele Menschen mit der Zeit auch falschen Aussagen, wenn sie sie nur oft genug präsentiert bekommen. Diesen Effekt machen sich Parteien oft bewusst oder unbewusst zunutze: Die AHV ist bestens finanziert, die Reichen machen die Armen ärmer, die Kosovaren sind kriminell, wir haben Dichtestress. Vielleicht eines Tages wieder: Die Erde ist eine Scheibe. Ein ähnlicher Mechanismus ist das, was Kahneman die *Verfügbarkeitskaskade* nennt.[11] Ein statistisch unbedeutendes Einzelereignis wird von einem Politiker oder einem Medienschaffenden geschickt skandalisiert, andere Politiker und Medienschaffende erkennen das sich abzeichnende Profilierungspotenzial und bewirtschaften die aufkeimende allgemeine Empörung mit immer neuen Details oder kleinen ähnlichen Einzelereignissen, bis in der Öffentlichkeit der Eindruck eines flächendeckenden Missstandes entsteht, der dringend politischer Intervention bedarf. Das kann die öffentliche Aufmerksamkeit derart absorbieren, dass darob die wahrhaft wichtigen Probleme zu wenig Aufmerksamkeit geniessen. In der Schweiz verlief wegen im Verhältnis weniger ärgerlicher Saläre die Abzockerdiskussion nach diesem Muster, wobei die Empörungsbewirtschafter geschickt auf den Fairnesspräferenzen der Menschen aufbauten. Ein Beispiel in der EU ist die totale Absorption der Öffentlichkeit und der politischen Elite durch die Probleme des im Verhältnis zur gesamten Eurozone unbedeutenden Griechenland. Die Tragik dabei war und ist, dass dieses hektische Getue die politische Energie von den wahrhaft wichtigen grundlegenden Mängeln der Eurozone ablenkte.

Ich will nur summarisch noch einige kognitive Verzerrungen aufzählen, welche die Tätigkeit von Menschen in Politik und Wirtschaft mit merklichen Folgen beeinflussen können.[12] Exzessiver Optimismus, Selbstüberschätzung und zu viel Vertrauen in die eigene Sicht der Dinge charakterisiert viele Führungspersönlichkeiten. Diese Eigenschaften sind nicht nur negativ. Fortschritt entsteht aus dem Eingehen von Risiken, und das tun solche Persönlichkeiten mit ihrem übersteigerten Selbstvertrauen eher als notorische Zweifler. Viele scheitern dabei, aber jene, die das Glück auf ihrer Seite haben, schaffen damit häufig Werte für die ganze Gesellschaft. Wären die Wirtschaftsführer ausschliesslich vorsichtige Risikoabwäger, gäbe es kaum Fortschritt. Leider neigen solche Menschen auch dazu, Kritiker und Querdenker aus ihrem Umfeld zu eliminieren. Damit fehlt ein Korrektiv, und dann kann ihre verzerrte Sicht auch grossen Schaden anrichten. Die Übergewichtung der eigenen und Untergewichtung widersprechender Informationen ist wohl eine der häufigsten Quellen von Fehlurteilen, ebenso wie die Bewertung von Fakten auf der Basis positiver oder negativer Gefühle statt statistisch erhärtbarer Tatbestände. Auch der Irrglaube, ein schon länger anhaltender Trend setze sich auch in der Zukunft stets fort, führt zu Entscheidungsfehlern. Ein Beispiel war der in den USA verbreitete Irrglaube an ständig steigende Häuserpreise, der einer der entscheidenden Gründe für die Subprimekrise war. Eine Verzerrung, der viele zum Opfer fallen, ist die Beurteilung von Entscheiden nicht im Lichte dessen, was im Zeitpunkt des Entscheides bekannt war, sondern im Wissen darum, wie es herausgekommen ist. Das kann zu ungerechten Verurteilungen von Entscheidungsträgern führen wie zu ebenso ungerechten Glorifizierungen. Bekannt ist auch, dass viele Menschen dazu neigen, sich einer überwiegenden Gruppenmeinung anzuschliessen, auch wenn diese völlig falsch ist. Chefs sollten auch immer bedenken, dass viele Mitarbeitende ihnen nach dem Mund reden, um sich Vorteile zu verschaffen. Bekannt ist auch die seltsame Eigenschaft unseres Gehirns, einen Verlust schwerer zu gewichten als einen äquivalenten Gewinn. Auch dazu meinte Adam Smith, dass wir stärker litten, wenn wir vom Besseren ins Schlechtere fielen, als wir uns freuten, wenn wir vom Schlechteren zum Besseren aufstiegen. Dieses Phänomen ist wirtschaftspolitisch von grosser Bedeutung. In einer Rezession oder bei einer einbrechenden Notlage eines Unternehmens ist es beispielsweise kaum möglich, die Löhne zu senken, weil die Betroffenen das als massiven Verlust empfinden und aus Enttäuschung und Verbitterung ihre Leistung reduzieren. Interessanterweise sind in inflationären Zeiten Reallohnsenkungen durch nur teilweisen Ausgleich des Kaufkraftverlustes viel weniger ein Problem, obwohl sie den gleichen Effekt wie eine Lohnsenkung haben.

Je intensiver man sich mit der Vielfalt kognitiver Verzerrungen beschäftigt, desto grösser werden die Zweifel, ob Menschen in ihrer Mehrheit überhaupt zu logischen und rationalen Entscheidungen fähig seien. Es ist ähnlich wie bei Krankheiten: Je mehr man darüber liest, desto mehr wundert man sich, dass es überhaupt noch gesunde Menschen gibt. Natürlich sind viele Menschen in der Lage, ihre eigenen kognitiven Verzerrungen durch nüchterne Analyse und durch gutes Teamwork zu überwinden und kluge und *vernünftige Entscheide* zu fällen. Aber es lohnt sich, die «pitfalls» der kognitiven Verzerrungen bei sich und den Mitmenschen zu erkennen. Dass sich dabei auszahlt, das Gehirn in den Analysemodus zu versetzen, ist selbstverständlich. Es lohnt sich auch, in Teams gruppendynamische Verfahren zu entwickeln, die diese Verzerrungen mildern oder gar neutralisieren, und sei es nur durch die Ermunterung von Querdenkern.

Diese kleine und keineswegs vollständige Übersicht über häufige kognitive Verzerrungen zeigt, wie allgegenwärtig *irrationales Verhalten* ist. Gerade auch in der Politik muss es immer in Rechnung gestellt werden. Geschickte Populisten verstehen es, diese Mechanismen für sich zu nutzen, indem sie beispielsweise die Probleme, die ihnen als taugliche Vehikel für Wahlerfolge erscheinen, emotional derart aufladen, dass es schwierig wird, den Spontanmodus der Wähler zu durchbrechen und zum Analysemodus durchzudringen. Ich habe nur allzu häufig erlebt, dass sich Menschen mit starken emotionalen Überzeugungen vehement gegen Argumente wehren, die ihre Überzeugungen infrage stellen, und die deshalb schon das Zuhören verweigern. Man will sich seine Vorurteile gar nicht nehmen lassen. Aus diesen Überlegungen ergibt sich Folgendes:

Take-away 2: Menschen handeln nicht immer rational. Phänomene wie Selbstüberschätzung, Verlustaversion, Abstellen auf irrelevante Informationen, Vernachlässigung relevanter Informationen und statistischer Wahrscheinlichkeiten, Verfälschungen durch Sympathie oder Antipathie sowie andere kognitive Verzerrungen beeinflussen das Verhalten von Menschen stark. Das muss bei der Führung in Politik und Wirtschaft stets in Rechnung gestellt werden. Es empfiehlt sich, auch bei sich selber kritisch auf solche Verzerrungen zu achten.

Es ist eine alte Streitfrage, wie viel *Einfluss eine einzelne Persönlichkeit* auf das Schicksal einer Firma oder eines Landes hat. Nestlé hat

Tausende hoch qualifizierter Mitarbeiter. Kann da ein Maucher oder Brabeck wirklich entscheidend sein? Wäre Deutschland die Anzettelung eines Weltkrieges erspart geblieben, wenn Hitler als Maler erfolgreicher gewesen wäre, oder hätte als Folge zwingender historischer Umstände einfach eine andere demagogisch begabte Figur seine Rolle gespielt? Ich bin der Meinung, dass ausserordentliche Persönlichkeiten im Guten wie im Bösen die Dinge stärker beeinflussen, als wir denken. Gewiss mögen besondere Umstände nach besonderen Führungspersönlichkeiten rufen. Churchill, der sich in normalen Zeiten kaum so hätte entfalten können, mag ein Beispiel sein. Es gibt eine Wechselwirkung zwischen der historischen Stunde, die ihre Persönlichkeit sucht, und der Persönlichkeit, welche die historische Stunde nutzt. Dabei ist der Zufall, auf den ich noch kommen werde, von mindestens so grosser Bedeutung. Es ist auch eine interessante Frage, inwieweit ausserordentliche Persönlichkeiten, etwa Unternehmer oder Erfinder, den wirtschaftlichen Erfolg eines Landes beeinflussen. Hätte die heute äusserst erfolgreiche Schweizer Uhrenindustrie ihre existenzbedrohende Krise vor einigen Jahren auch ohne Nicolas Hayek überwunden? Wie hätte sich die Schweizer Wirtschaft im 19. Jahrhundert ohne Alfred Escher entwickelt? Ich werde beim der Kultur gewidmeten Abschnitt auf solche Frage zurückkommen.

Die Institutionen

Es gibt keine menschliche Gesellschaft, die ohne Spielregeln funktioniert. Sie regeln die Beziehungen und Interaktionen zwischen den Menschen, und sie strukturieren die Wirtschaftstätigkeit. Diese Regeln sind teilweise formgebunden und schriftlich fixiert, und die Sanktionen bei Regelverstössen sind definiert. Das sind die Institutionen. Es gibt aber auch formlose Verhaltensregeln, die sich in einer Gesellschaft über Generationen bilden. Sie beruhen auf gemeinsamen Vorstellungen über die Welt und über die Mittel zur Durchsetzung der Regeln. Ich bezeichne sie als Kultur im weitesten Sinne. Kultur und Institutionen sind ineinander verflochten und beeinflussen sich gegenseitig. Die Institutionen werden in der Demokratie in letzter Instanz von Bürgerinnen und Bürgern geschaffen und durchgesetzt.

Die gleichen Menschen verhalten sich je nach Umständen unterschiedlich. In Ost- und Westdeutschland während vieler Jahre und in Nord- und Südkorea bis heute haben Teile des gleichen Volkes völlig unterschiedliche Gesellschaftssysteme aufgebaut und damit krass unterschiedlichen Wohlstand erwirtschaftet. Die einen blieben arm, die anderen wurden wohlhabend. Menschen reagieren auf Anreize, und weil unterschiedliche Institutionen und unterschiedliche kulturelle Regeln unterschiedliche Anreize vermitteln, erbringen die gleichen Menschen völlig unterschiedliche Wirtschaftsleistungen.

Acemoglu und Robinson vertreten und belegen die These, weder Religion noch Rasse noch Kultur oder geografische Lage seien für Armut oder Wohlstand verantwortlich, sondern allein die Institutionen mit ihren Anreizstrukturen.[13] Indirekt messen sie allerdings auch kulturellen Faktoren Bedeutung bei, wenn sie feststellen, dass gewisse Muster von Institutionen tief in der Geschichte verwurzelt seien und oft hartnäckig überlebten. North, Wallis und Weingast weisen auf ein anderes wichtiges Element hin, nämlich darauf, dass die gleichen Institutionen je nach Umfeld zu völlig unterschiedlichen Ergebnissen führen könnten.[14] Das zeigt, dass nicht nur die einzelnen Institutionen von Belang sind, sondern auch die Interaktion der Institutionen. So führt etwa die Institution Wahlen, wie wir in vielen asiatischen oder afrikanischen Ländern sehen, für sich allein noch keineswegs zu demokratischen Verhältnissen, sondern erst im Zusammenspiel beispielsweise mit Rede-, Medien-, Versammlungs- und Organisationsfreiheit.

Staaten haben mithin unterschiedlichen wirtschaftlichen Erfolg, weil unterschiedliche ökonomische Institutionen mit unterschiedlichen Regeln durch unterschiedliche Anreize einerseits die Menschen unterschiedlich motivieren und andererseits das Funktionieren der Wirtschaft positiv oder negativ beeinflussen. Weil nur die politischen Institutionen über die Macht und die Fähigkeit verfügen, die Wirtschaft zu regulieren, sind sie für die Gestaltung der ökonomischen Institutionen verantwortlich. Sie entscheiden über Armut oder Wohlstand eines Volkes. Das widerlegt die beliebte These, die Wirtschaft dominiere die Politik, und die Politik habe längst abgedankt. Natürlich haben viele Firmen in einer globalisierten Welt die Möglichkeit, falschen nationalen Regulierungen durch Verlagerung von Produktionsfaktoren zu entgehen. Carl Christian von Weizsäcker hält indessen den Druck der Märkte auf die Politik für heilsam, weil demokratische Politik infolge Wahlabhängigkeit der Politiker kurzfristig und am Status quo orientiert sei. Die Fähigkeit der Politik zur Veränderung nehme mit zunehmender Regulierungsdichte ab, und deshalb sei die wettbewerbliche Wirtschaft als Kraft der Bewegung und Veränderung für den Wohlstand so wichtig.[15]

Zwei *Take-aways* sollen hier festgehalten werden:

Take-away 3: Menschen reagieren auf Anreize. Deshalb können sich die gleichen Menschen unterschiedlich verhalten, wenn sie unterschiedlichen Anreizsystemen unterworfen sind. Politische und ökonomische Institutionen vermitteln wichtige Anreize. Die ökonomischen Institutionen schaffen jene Anreize, die Menschen veranlassen, Wohlstand zu erarbeiten oder diese Arbeit zu unterlassen.

Take-away 4: Politische Institutionen verfügen über die Macht und Fähigkeit, die ökonomischen Institutionen zu gestalten und zu implementieren. Sie entscheiden damit im Grunde über Wohlstand oder Armut eines Staates.

Acemoglu und Robinson leiten aus der Analyse des Schicksals einer grossen Anzahl von Staaten über zwei Jahrtausende einige Bedingungen für Wohlstand ab.[16] Prosperität entsteht dort, wo ökonomische Institutionen die Teilnahme der grossen Masse an ökonomischen Aktivitäten erlauben, wo alle Menschen die Möglichkeit zur Nutzung ihrer Talente und Fähigkeiten besitzen und die Optionen wählen dürfen, die sie bevorzugen. Die Voraussetzungen dafür muss der Staat schaffen. Ich will nur einige dieser Voraussetzungen erwähnen:

Der Staat muss Eigentumsrechte durchsetzen, für alle geltende Gesetze schaffen, öffentliche Dienstleistungen erbringen, Vertragsfreiheit sichern, gleichzeitig die Durchsetzung privater Kontrakte erzwingen, Schulen bauen sowie Diebstahl und Betrug verhindern. Wo aber der Output der Menschen, also die Früchte ihrer Arbeit, gestohlen, wegbesteuert oder teilenteignet werden, besteht kein Anreiz zu überdurchschnittlicher Leistung und zu ständiger Aus- und Weiterbildung mehr. Das ist eine der wichtigsten Erkenntnisse, die der Staat bei seinen Aktivitäten berücksichtigen muss.

Das Faktum, dass sich die gleichen Menschen je nach den obwaltenden Umständen unterschiedlich verhalten, erklärt auch ein anderes Phänomen. Verschiedene echte oder vermeintliche Wirtschaftsskandale haben dazu geführt, dass sich viele Politiker im Vergleich zu den «geldgierigen» Wirtschaftsführern als Menschen höherer moralischer Qualität sehen. Wer in beiden Welten, der wirtschaftlichen und der politischen, gelebt hat, weiss, dass nichts falscher ist als das. George Buchanan hat mit seiner Public Choice Theory gezeigt, dass beide, Wirtschaftsleute und Politiker, gleichermassen ihre Interessen verfolgen. Das unterschiedliche Verhalten ist allein auf die unterschiedlichen Anreizsysteme zurückzuführen, innerhalb derer sie sich bewegen.

Erneuerung und Wettbewerb

Wenn es etwas gibt, worüber sich wohl alle Ökonomen einig sind, ist es die fundamentale Wichtigkeit von *Erneuerung und Innovation* für die Schaffung und Erhaltung von Wohlstand. Schumpeter sprach von der «kreativen Zerstörung» des Obsoleten, die Raum für das Neue und Aufblühende schaffen müsse.[17] Dies entspricht auch der täglichen Erfahrung. Wer schon ein gewisses Alter hat, wird problemlos und spontan eine Reihe von Firmen aufzählen können, deren klangvolle Namen mangels Erneuerung verschwunden sind, und wer kennt nicht die Beispiele von Ländern oder Regionen, die verarmten, weil sie den Strukturwandel nicht schafften. Die Angst vor der kreativen Zerstörung ist aber eine der stärksten Triebkräfte in der Politik. Weil der Wandel Verlierer schafft, die das sehr wohl spüren, und weil die Gewinner das erst mit der Zeit merken und ihren Gewinn meist erst noch auf sich selber und nicht auf den Wandel zurückführen, organisiert sich der politische Widerstand gegen die Erneuerung rascher und intensiver, als sich politische Kräfte für den Wandel formieren. Gewerkschaften oder träge Unternehmer tun deshalb alles, um den Wandel zu bremsen und Besitzstände zu schützen. So bilden sich in vielen Staaten mit der Zeit zahllose «Wandelbremsen», etwa rigide Arbeitsmarktregelungen (zum Beispiel im Bereich des Kündigungsschutzes), bremsende Bewilligungshürden, kartellähnliche Schutzmechanismen, Fehlanreize erzeugende Subventionen und vieles andere mehr. Solches aufzubrechen – und die Reformresistenz vieler schwächelnder EU-Länder belegt es – ist eine politische Herkulesarbeit.

Weil es zwangsläufig Verlierer gibt und weil deren Ängste durchaus begründet sind – viele Menschen können ihre Stelle verlieren und ganze Berufe verschwinden –, braucht es ein soziales Auffangnetz, das den Strukturwandel abfedert. Das ist auch nötig, um den Fairnesspräferenzen der Menschen Rechnung zu tragen. Der tragende Pfeiler davon ist die Arbeitslosenversicherung. Allerdings vermittelt auch diese wiederum Anreize, die zu bedenken sind. Bei zu grosszügiger Ausgestaltung kann beispielsweise der Anreiz geschwächt werden, eine neue Stelle zu suchen. Diese Erkenntnisse will ich im folgenden *Take-away* festhalten:

Take-away 5: Weil sich die Welt ständig verändert, müssen sich auch Staat und Wirtschaft permanent anpassen. Stete Erneuerung ist deshalb eine Voraussetzung für nachhaltigen Wohlstand. Erneuerung heisst aber Abbau von Obsoletem. Weil das Besitzstände gefährdet und Verlierer schafft, muss ein soziales Auffangnetz den Strukturwandel abfedern. Sonst kann politischer Widerstand den Wandel blockieren.

In einer Marktwirtschaft ist der *Wettbewerb* die treibende Kraft. Wer erfolgreich ist, kann dessen Früchte ernten (sofern sie nicht wegbesteuert werden), und wer den Wettbewerb nicht besteht, wird ausgemerzt. Die Drohkulisse des Untergangs und die Verlockungen der Früchte sind starke Anreize, eine ständige Höchstleistung zu erbringen. Der Wettbewerb in der Wirtschaft hat für die Menschen einen doppelten Nutzen. *Wirtschaftlich* sorgt er dafür, dass für die Konsumenten das richtige Produkt zur richtigen Zeit zum richtigen Preis in der richtigen Qualität am richtigen Ort zur Verfügung steht. In einem wohlhabenden Land genügt ein Blick in einen Supermarkt oder in den Showroom einer Automarke, um das bestätigt zu finden. Keine Staatswirtschaft hat das je fertiggebracht. *Politisch* bändigt der Wettbewerb die Macht der Wirtschaft. Wer noch glaubt, die Wirtschaft sei in der globalisierten Welt allmächtig, hat nie in der Wirtschaft selber Verantwortung übernehmen müssen. Da aber Monopole und Kartelle diese gesunden Mechanismen ausser Kraft setzen, muss der Staat ständig den Wettbewerb sichern.

Aber auch in anderen Bereichen ist Wettbewerb für die Menschen wichtig. Das wird häufig übersehen. Demokratie ist nur möglich, wo sich Parteien im freien Wettbewerb mit ihren Ideen um die Teilhabe der Macht bewerben können. Steuerwettbewerb, zu Unrecht von Profiteuren von Steuerkartellen immer wieder verteufelt, ist das einzige wirksame Mittel, um die Bürger vor fiskalischer Ausbeutung zu schützen. Und der Standortwettbewerb schützt die Wirtschaft, die den Wohlstand erarbeitet, vor unsinnigen wirtschaftspolitischen Regulierungen. Es ist interessant, dass viele Politiker und Parteien, die in der Wirtschaft vehement gegen Kartelle vorgehen wollen, in ihren eigenen politischen Gärtchen alles unternehmen, um durch Kartellisierung ihre eigenen Besitzstände und Pfründen zu zementieren. Wer selber hohe Steuern hat, wird alles tun, um auch andere zu hohen Steuern zu zwingen. Wer selber (etwa innerhalb der EU) zu hohe Sozialkosten hat, wird alles tun, um solche auch Konkurrenten aufzubürden, nach der ökonomischen Formel «raise your rivals' costs». Es besteht auch ein Regulierungswettbewerb. Natürlich gibt es in der globalisierten Welt auch in der Wirtschaft das Bedürfnis nach Harmonisierung gewisser wirtschaftspolitischer Regulierungen, um ein einheitliches Spielfeld zu haben (das berühmte «level playing field»). In vielen Bereichen, etwa bei technischen Normen, ist das auch vernünftig. Aber falsch konzipierte Regulierungen entfalten, wenn sie im Sinne von Monokulturen international harmonisiert werden, enormen Schaden. In der Finanzmarktregulierung gibt es gute Beispiele dafür. Es gibt hier durchaus einige Dilemmata, die abzuwägen sind, etwa das Risiko solcher Monokultureffekte gegenüber dem Risiko schädlicher regulatorischer Arbitrage. Ich bin im Zweifel für den Wettbewerb. Ich will das wie folgt zusammenfassen:

Take-away 6: Wettbewerb ist ein grundlegend wichtiges Prinzip in der menschlichen Gesellschaft, das bessere Leistungen erzwingt und Fortschritt stimuliert. Wettbewerb ist die treibende Kraft der Marktwirtschaft und bändigt zugleich die Macht der Unternehmen. Demokratie braucht den Wettbewerb der Parteien um die Teilhabe an der Macht zur steten Erneuerung. Steuerwettbewerb schützt die Bürger vor überbordendem Fiskalismus, Standortwettbewerb die Wirtschaft vor unsinniger Reguliererei. Die Fairnesspräferenz der Menschen gebietet umgekehrt, jene angemessen zu schützen, die unverschuldet dem Wettbewerb nicht gewachsen sind.

Kultur

Ich will hier den Begriff Kultur sehr weit verstanden wissen. Er umfasst ungeschriebene soziale Normen, Verhaltensregeln und Verhaltensmuster ebenso wie gemeinsame Überzeugungen, gemeinsame Vorstellungen von der Welt oder gemeinsame Werte. Ich stelle mir vor, dass die Kultur eines Volkes eine Art geronnene Erfahrung ist, die sich im Laufe der Geschichte bildet. Jean-François Bergier beschreibt in seinem hervorragenden Buch über Wilhelm Tell sehr anschaulich, wie die politische Kultur der Schweiz mit ihren genossenschaftlichen, freiheitlichen, föderalistischen und direktdemokratischen Ingredienzien aus den politischen und wirtschaftlichen Erfahrungen der Waldstätten zur Zeit und in den Jahrhunderten nach der Eröffnung des Gotthardpasses herausgewachsen ist.[18] Das Tiefsinnigste, was ich über die politische Kultur der Schweiz gelesen habe, findet sich in den Werken von Karl Schmid.[19]

Kultur verändert sich ständig. Menschen unterschiedlicher Ethnien und Religionen können jahrzehntelang zusammenleben – wie etwa im Libanon oder im Balkan –, und plötzlich verändert sich etwas, und es kommt zu Hass und blutigen Konflikten. Kultur kann also auch zerfallen. Kultur ist eine zivilisatorische Errungenschaft, an der permanent gearbeitet werden muss. Dabei spielen die sogenannten Eliten mit ihrem Verhalten und ihrem Vorbild eine wichtige Rolle. Wo die Eliten korrupt sind, ist es auch das Volk, und zwar auch dann, wenn es Korruption in der Mehrheit verabscheut. Auch eine Unternehmenskultur wird sehr stark vom konkreten Verhalten der Chefs beeinflusst, völlig unabhängig von formulierten Ethikkodizes und Verhaltensreglementen.

Ich habe auf die Wechselwirkungen zwischen Institutionen und Kultur hingewiesen. Weil man nicht alles im Leben und in der Wirtschaft institutionell regeln kann – und könnte man es, lebten wir alle in Zwangsjacken! –, brauchen auch Institutionen kulturelle Werte als Basis. Eine Demokratie beispielsweise kann nur funktionieren, wenn selbstverständliche Dinge wie das Akzeptieren von Niederlagen bei Wahlen oder Abstimmungen oder die Respektierung anderer Meinungen auch wirklich als selbstverständlich anerkannt sind. Otfried Höffe weist auf die wichtige Tatsache hin, dass Institutionen und die Kultur eine Art kommunizierende Gefässe bilden, bei denen weniger vom einen zu mehr vom anderen und umgekehrt führen kann. Er sagt es in seiner Sprache so: Wo Bürgertugenden blühten, könnten sich die zwangsbefugten staatlichen Institutionen zurückhalten.[20] Ernst Fehr formulierte es auch für die Wirtschaft: Fairnesspräferenzen mit ihren Reputationsanreizen seien wichtige moralische Grundlagen (damit ein Teil der Kultur) einer funktionierenden Marktwirtschaft, und die Funktionsfähigkeit von Unternehmen basiere ganz zentral auf der Einhaltung ethischer Standards.[21] Für mich war das Leitbild des sogenannten Ehrbaren Kaufmanns immer ein guter Massstab, mittels dessen eine Unternehmenskultur recht einfach beurteilt werden kann.[22]

Die Frage, welchen Stellenwert Kultur für die wirtschaftliche Entwicklung hat, ist nicht nur akademisch interessant, sondern auch politisch relevant. Darüber, dass die Qualität der Institutionen ein gewichtiger Faktor zur Erklärung nationaler Wohlstandsunterschiede ist, herrscht in der Ökonomenzunft weitgehende Einigkeit. Weniger klar scheint den Ökonomen der Einfluss der Kultur zu sein. Ich selber messe ihr auf der Basis der Eindrücke, die ich während meines Berufslebens gewonnen habe, eine den Institutionen vergleichbare Bedeutung bei. Man betrachte nur die Tatsache, dass viele gescheiterte Staaten im Grunde recht moderne Verfassungen und Gesetze haben, aber es besteht keine Kultur, diese Institutionen mit Leben zu erfüllen. Edmund Phelps schreibt, die Einsicht des Volkes, dass der Wohlstand von der Breite und Tiefe dessen innovativer Tätigkeit abhänge, sei von grösster Wichtigkeit.[23] Die Haltung der Menschen gegenüber Technik, Fortschritt und Innovation ist aber eindeutig ein kultureller Faktor. Die treibende Kraft der modernen Ökonomie sei ein ökonomisches System, das sowohl auf einer ökonomischen Kultur als auch auf ökonomischen Institutionen aufbaue, so Phelps weiter. Eine gängige Theorie geht ja davon aus, dass technische Durchbrüche wie die Dampfmaschine, der Ottomotor, die Elektrizität oder der Computer, also die Erfindungen einzelner genialer Menschen mit ihren Teams, das wirtschaftliche Wachstum in Wellen erzeugen. Phelps sieht die Basis für wirtschaftlichen Erfolg in einem viel breiter abgestützten, Innovationen begünstigenden und entwickelnden Prozess, in den zahllose Menschen eingebunden sind. Moderne Volkswirtschaften würden, so schreibt er, durch die neuen Ideen des ganzen anonymen Kollektivs von Geschäftsleuten angetrieben: Ideenträger, Unternehmer, Financiers, Marketingleute und Pionier-Konsumenten. Die Haltung breiter Schichten dem Fortschritt gegenüber, ein kultureller Faktor also, scheint das langfristige Wachstum zu stimulieren oder zu bremsen. Das könnte mit ein Grund dafür sein, dass die Amerikaner mit ihrer zupackenden und risikofreudigen Art sowie die leistungshungrigen Asiaten zurzeit dynamischere Volkswirtschaften erzeugen als die eher risikoaversen, fortschrittskritischen und besitzstandwahrungsorientierten Europäer. Auch Joel Mokyr anerkennt die Bedeutung der Kultur neben den Institutionen für den beispiellosen globalen Wachstumsprozess seit 1850.[24] Aber er fragt sich, welche Kultur zähle. Waren es die Überzeugungen der breiten Masse, das Wachstum der Alphabetisierung und die Bildung der Massen? Oder zählten vor allem die Fähigkeiten einer schmalen Schicht der Gesellschaft, die neue Technologien und wissenschaftliche Erkenntnisse entwickelte? Er sieht im 18. Jahrhundert nur eine schmale Elite, die technologische und wissenschaftliche Durchbrüche generierte. Diese wurden dann durch die ebenfalls schmale Schicht von unternehmerisch handelnden Umsetzern für die Produktion von Gütern genutzt. Deshalb habe in der ersten Phase der Industrialisierung das durchschnittliche Niveau des allgemeinen Bildungsstands wenig Einfluss auf das Wachstum gehabt. Was zählte, war eine gut ausgebildete Elite. Wie Phelps und Acemoglu zeigen, trifft das für eine moderne Volkswirtschaft nicht mehr zu. Mokyr kommt für die Gegenwart denn auch zu einer Schlussfolgerung, die auch für die Schweiz von Bedeutung ist:

Für Volkswirtschaften, die an der technologischen Spitze mitmarschieren – dazu gehört ganz klar die Schweiz! –, seien Investitionen in die Bildung der Besten und Gescheitesten ebenso wichtig wie die Anhebung des mittleren Bildungsstandes des ganzen Volkes. Für den Rest der Welt, der bloss imitiere und anpasse, seien Investitionen in die Bildung der breiten Masse noch immer die beste Wachstumsstrategie.

Eine zunehmende Zahl empirischer Studien belegt den Einfluss kultureller Faktoren auf die Ausgestaltung der Institutionen. Ein interessantes Beispiel findet sich bei Alesina, Algan, Cahuc und Giuliano in einer Arbeit über den Zusammenhang einer Kultur familiärer Bindungen mit der Arbeitsmarktregulierung: Flexible Arbeitsmärkte brauchen, um effizient zu sein, mobile Arbeitnehmer.[25] Weil in Ländern mit einer Kultur starker familiärer Bindungen die Mobilität der Arbeitnehmer beschränkt ist, können Arbeitgeber diesen Faktor zur Gewinnung von Renten auf Kosten der Arbeitnehmer nutzen. Um diese Kosten zu limitieren, haben diese Kulturen stärker regulierte Arbeitsmärkte und nehmen dafür höhere Arbeitslosigkeit und tiefere Einkommen in Kauf. Solche Zusammenhänge können auch Hinweise auf die Gründe dafür liefern, warum notwendige marktwirtschaftliche Reformen je nach obwaltender Kultur auf unterschiedlichen politischen Widerstand stossen. Aus diesen Überlegungen halte ich die folgenden zwei *Take-aways* fest:

Take-away 7: Die obwaltende Kultur vermittelt ebenfalls wichtige Anreize, die das Verhalten der Menschen, aber auch die Ausgestaltung der Institutionen beeinflussen. Marktwirtschaft ist ohne eine Vertrauen schaffende wertorientierte Kultur ebenso wenig nachhaltig erfolgreich wie eine Demokratie. Eine gute Kultur reduziert auch Transaktionskosten, weil nicht geregelt werden muss, was die Menschen von sich aus richtig machen.

Take-away 8: Auch Kultur verändert sich. Sie kann mit desaströsen Folgen zerfallen. Deshalb bedarf eine wertbasierte Kultur sowohl in der Demokratie als auch in der Wirtschaft der ständigen «Systempflege». Dabei sind die Eliten besonders gefordert. Ihr Vorbild ist wichtig.

Der Zufall

Die erwähnte Eigenschaft unseres Gehirns, vorhandene Informationshäppchen zu kohärenten Geschichten zu verbinden, die auch nicht vorhandene Kausalitäten vortäuschen können, lässt uns übersehen, dass viel mehr zufällig geschieht, als wir uns bewusst sind. Noch nie wurde so viel Zukunftsforschung betrieben wie heute, noch nie boten so viele Prognostiker gegen gutes Geld ihre Dienste an. Trotzdem geschehen immer wieder das Unerwartete und das Unvorhergesehene. Wer hätte etwa vor zwei oder drei Jahren gedacht, dass die Ukraine, der Islamische Staat und eine gigantische Flüchtlingswelle nach Europa zum Zeitpunkt der Niederschrift dieser Zeilen die Welt in Atem halten und fast alle anderen Krisen aus den Schlagzeilen verdrängen würden?

Es gibt zwei Arten von Zufall, den eigentlichen und den uneigentlichen. Beim eigentlichen Zufall geschieht etwas nur, weil eben der Zufall im Sinne des Wortes zugeschlagen hat, und ohne den Zufall wäre es nicht geschehen. Ein Beispiel könnte der Autounfall sein, dem ein Spitzenpolitiker zum Opfer fällt und dessen Tod der Geschichte des betroffenen Staates eine neue Richtung gibt. Beim uneigentlichen Zufall wird ein Ereignis nicht vorhergesehen, obwohl es kausal begründet sein mag, aber wegen zu grosser Komplexität sind die Kausalitäten und ihre Gewichtung kaum analysierbar. Der Hirnforscher Wolf Singer sagte es so: Ein System mit vielen Spielern, die alle selbst aktiv sind, die alle über einen Markt rückgekoppelt werden und von denen jeder seine eigenen Präferenzen hat, entwickelt eine extrem komplexe und nicht lineare Dynamik. Aus prinzipiellen Gründen sei, so Singer, die Entwicklung solcher Prozesse kaum prognostizierbar.[26] Wir müssen uns bewusst sein, dass beispielsweise Finanzmärkte oder auch die Weltpolitik generell derartige Systeme sind.

Es sind daraus zwei Lehren zu ziehen. Erstens müssen wir uns vor Scheinkausalitäten hüten, denn sie können uns zu falschen und kontraproduktiven Massnahmen verführen. Zweitens müssen wir uns so positionieren, dass wir auch auf das Unerwartete und Unvorhersehbare reagieren können. Denn auch das wird immer wieder geschehen.

Take-away 9: Der Zufall ist ein viel wichtigerer Einflussfaktor auf das Geschehen in Politik und Wirtschaft, als wir denken. Wir müssen uns vor falschen Kausalitätsketten hüten, die uns unser Hirn mit seiner Kausalitätsmechanik vorgaukeln kann.

Take-away 10: In Politik und Wirtschaft wird immer wieder auch das Unerwartete und nicht Vorhersehbare geschehen. Es ist wichtig, dafür gewappnet zu sein.

3.
Wirtschaftspolitische Leitplanken für Wohlstand

Wohlstand fällt nicht vom Himmel. Er wird von Menschen in einem komplexen Zusammenwirken erarbeitet. Dem Politiker stellt sich die Frage, ob es möglich ist, aus den geschilderten Erkenntnissen über Bedeutung und Funktionsweise von Institutionen und Kultur eine Wirtschaftspolitik zu gestalten, die Menschen, wie sie eben sind, motiviert und befähigt, einen prosperierenden Staat aufzubauen. Ist die Ökonomie in der Lage, die einzelnen Elemente einer solchen Politik zu liefern und deren Zusammenwirken zu verstehen? Und wenn dies möglich wäre, was wäre in einer Demokratie vorzukehren, damit diese Politik durchgesetzt werden kann und von einem hinreichend grossen Teil des Volkes mitgetragen wird? Wie müssen Wirtschaftspolitiken in einer direkten Demokratie im Widerstreit der Meinungen kommuniziert werden, damit das Volk die wesentlichen Zusammenhänge versteht und ihnen zustimmt?

Wissenschaft und konkrete Politik

Während der Ökonom sich voll auf die Sache selbst, also beispielsweise die Gestaltung von Institutionen mit den richtigen Anreizmechanismen, konzentrieren kann, muss der verantwortliche und zum Handeln befugte Politiker zahllose weitere Aspekte berücksichtigen, etwa Gefolgschaft suchen, Widerstände überwinden sowie gegen Ideologien und Vorurteile ankämpfen. Zudem verfügt er im komplexen Umfeld nie über genügend Informationen, um die Tragweite seiner Projekte hinreichend genau abschätzen zu können. Weil er im Gegensatz zu opponierenden Kräften Verantwortung trägt, hat er in der Kommunikation Restriktionen zu beachten. Während der Opponent Tatsachen faktisch beliebig verdrehen kann, ist der Verantwortliche an die Wahrheit und an die Fakten gebunden. Verantwortung für das Handeln zu tragen, ist eine ungleich schwerere Bürde, als die Handelnden nur zu kritisieren.

Die Frage stellt sich nun, wie weit die Wissenschaft Beiträge zur Lösung real existierender Probleme leisten kann. Zunächst fällt auf, dass auch die Ökonomenzunft in zentralen Fragen uneins ist. So liegen beispielsweise in der Griechenlandfrage Welten zwischen Neo-Keynesianern wie Paul Krugman oder Joseph Stiglitz und Liberalen wie Hans-Werner Sinn oder William White (oder auch zwischen Notenbankern wie Mario Draghi und Jens Weidmann). Allerdings gibt es einen grossen Bestand an Erkenntnissen, der von einer beachtlichen Mehrheit der renommierten Ökonomen geteilt wird. Es ist unverantwortlich, aus ideologischen Gründen, Opportunismus oder Unkenntnis wichtige, ökonomisch weitgehend gesicherte Erkenntnisse zu negieren. Allerdings ist die Ökonomie gezwungen, in ihren Modellen die Überkomplexität der Wirklichkeit zu reduzieren, um den Einfluss eines isolierten Faktors zu erkennen und wo möglich zu quantifizieren. Es ist deshalb immer möglich, dass sich Erkenntnisse aus solchen Modellen, wenn sie auf die komplexe Wirklichkeit angewandt werden, als unzulänglich erweisen. Auch aus der Wirtschaftsgeschichte lassen sich wichtige Zusammenhänge erschliessen, aber diese können keineswegs immer eins zu eins auf andere Staaten in anderen Zeitaltern übertragen werden. Wissenschaftliche Erkenntnisse sind demnach für die Politik unverzichtbare Hilfsmittel, aber sie ersetzen eine viel umfassendere politische Beurteilung nicht.

Etwas Weiteres kommt dazu: Weil politische Projekte in einer Demokratie mehrheitsfähig sein müssen, braucht es immer auch Kompromisse, um genügend Gefolgschaft zu finden. Dabei besteht die Kunst darin, durch den Kompromiss die politische Lösung nicht derart zu verwässern, dass sie unwirksam wird. Deshalb ist der Kompromiss eben eine Kunst und keine Wissenschaft.

Eine weitere Erschwerung beim Ausarbeiten brauchbarer wirtschaftspolitischer Lösungen ist der Umstand, dass sich viele ökonomische Erfordernisse nicht gleichzeitig maximal erfüllen lassen. Eines der wichtigsten Beispiele ist die Notwendigkeit, durch Umverteilung zu krasse Wohlstandsunterschiede zu vermeiden, ohne gleichzeitig die Leistungsanreize der Gebenden und Empfangenden zu zerstören. Wirtschaftspolitik ist deshalb die Kunst (ich brauche dieses Wort bewusst ein zweites Mal!), in einem klugen Optimierungsprozess auch widersprüchliche ökonomische Erfordernisse auszutarieren.

Weil ökonomische Institutionen, soll deren Implementierung mehrheitsfähig sein, vom Stimmvolk hinreichend verstanden werden müssen, ist eine einleuchtende und auch für Nichtfachleute nachvollziehbare Darstellungsweise unabdingbar. Auch das ist eine Kunst, die der gute Politiker beherrschen muss: komplexe Sachverhalte so zu vereinfachen, dass sie verstanden werden und gleichzeitig noch wahr sind. Hier zeigt sich der Unterschied zum Populisten: Dieser vereinfacht – meist ausgehend von einem wahren Kern – die Dinge so lange, bis sie nicht mehr wahr sind.

Take-away 11: Der gute Kompromiss ist die Kunst, eine gute politische Vorlage durch kluge Zugeständnisse mehrheitsfähig zu machen, ohne deren Problemlösungspotenzial zur Wirkungslosigkeit zu verwässern.

Nebenwirkungen und Krisen

Weil neue institutionelle Massnahmen – im Wesentlichen also neue staatliche Regulierungen – Anreize verändern, reagieren die Menschen. Leider tun sie das nicht immer so, wie sich dies die Schöpfer der Regulierung vorgestellt haben. Ich behaupte, dass ein erschreckend hoher Anteil der von den Politikern geschaffenen Gesetzgebungen anderes bewirkt, als beabsichtigt war, und dass neue Regulierungen immer auch Nebenwirkungen erzeugen, die niemand vorausgesehen hat. Arbeitsmarktregulierungen zum Schutz von Arbeitnehmern können die Arbeitslosigkeit signifikant erhöhen und damit den zu Schützenden enormen Schaden zufügen. Zu tiefe Zinsen über einen zu langen Zeitraum, mit denen man überschuldeten Ländern Zeit verschaffen will, um sich aus einer Krise herauszuarbeiten, können zu strukturellen Fehlentwicklungen führen, die eine neue, vielleicht noch schlimmere Krise erzeugen. Gesetzlich festgeschriebene soziale Leistungsversprechen, die keine Rücksicht auf demografische Veränderungen und auf veränderte Verhältnisse auf den Finanzmärkten nehmen, können die Sozialwerke zum Einsturz bringen. Zu hohe Mehrwertsteuern fördern die Schwarzarbeit. Die Beispiele für solche Effekte sind Legion. Häufig ist es ideologische Verblendung oder wahlkampfbedingte Blindheit, die solche Fehlentwicklungen übersehen lässt. Wegen der Komplexität des Zusammenwirkens staatlicher Massnahmen aus verschiedensten Bereichen ist die Abschätzung von Regulierungsfolgen auch objektiv schwierig. Es wäre deshalb zu empfehlen, neue Regelungen mit Verfallsklauseln zu versehen, die dazu zwingen, nach einiger Zeit eine Wirkungsanalyse vorzunehmen und Korrekturen anzubringen oder die Regelung auslaufen zu lassen. Eine professionelle Regulierungsfolgenabschätzung ist jedenfalls ein wichtiges Erfordernis seriöser Gesetzgebung. Je grossflächiger Regulierungen harmonisiert werden – etwa innerhalb der EU oder unter dem Druck selbsternannter Staatengruppen wie der G20 –, desto gravierender sind die Folgen von Fehlregulierungen. Ich bin der Meinung, dass in vielen Bereichen Regulierungskonkurrenz, wie sie auch zwischen unseren Kantonen stattfindet, zu besseren Ergebnissen führt.

Noch ein Wort zu Krisen. Banken- und Verschuldungskrisen mit teils lange andauernden negativen Folgen für Wachstum, Arbeitslosigkeit und Assetpreise hat es in der Geschichte immer gegeben. Es war auch immer ein Traum der Politiker und Ökonomen, eine Wirtschaftsordnung mit stabilem Wachstum ohne Rezessionen und ohne Krisen zu gestalten. Greenspan glaubte unmittelbar vor der grössten Krise der letzten Jahrzehnte, dieses Wirtschaftssystem mit seiner Geldpolitik gefunden zu haben. Die Ökonomen nannten es damals «the great moderation». Welche Hybris! Viele Ökonomen führen solche Krisen auf zu liberale Finanzmärkte zurück und raten, die Finanzmärkte durch möglichst strenge Regulierung krisenfest zu machen. Man weiss aber, dass manche Wälder hin und wieder Waldbrände brauchen, um sich zu erneuern und zu regenerieren. Die

Frage stellt sich, ob auch Rezessionen eine reinigende Wirkung durch die Ausmerzung nicht nachhaltiger Strukturen haben könnten und ob es deshalb wirklich richtig ist, sie durch ständige Interventionen zu verhindern (sofern sie nicht durch die Interventionen noch verstärkt werden). Natürlich können zu häufige und durch nicht natürliche Ursachen verursachte Waldbrände einen Wald auch dauerhaft schädigen. Wie viel Krise soll man also in einer Volkswirtschaft zulassen, um genügend Erneuerung zu ermöglichen, ohne aber dauerhafte Schäden in Kauf zu nehmen?

Ich war immer der Meinung, dass die ständige staatliche Intervention zur Konjunktursteuerung mehr schadet als nützt und dass die Wirkung der automatischen Stabilisatoren ausser in wenigen Ausnahmefällen genügen muss. Joachim Voth kommt in einer aufschlussreichen empirischen Studie zum Schluss, dass mit massiver fiskalischer Repression (zum Beispiel nach dem Bretton-Woods-Modell) Finanzkrisen durchaus verhindert werden könnten. Der Preis sei aber eine reduzierte ökonomische Performance. Deshalb sei, wie er sich ausdrückt, die optimale Anzahl von Finanzkrisen nicht gleich null. Krisen könnten demnach der Preis dafür sein, dass im Mittel höheres Wachstum erzielt wird. Der optimale Trade-off zwischen Stabilität und Wachstum hänge vom sozialen Sicherheitsnetz ab, das die von der Krise Betroffenen schütze.[27] Eine im Prinzip mögliche Verhinderung von Krisen durch straffe Regulierung ginge also auf Kosten der Dynamik einer Volkswirtschaft. Damit aber würde der Teufel mit dem Beelzebub ausgetrieben. Ich bin nicht sicher, ob die vereinigten Regulatoren dieser Welt nicht gerade daran sind, solches zu realisieren.

Denken in Konzepten und wirtschaftspolitische Leitplanken

Fast alle Politiker, von denen ich lese, rühmen sich, nicht an eine Parteidoktrin gebunden zu sein und nicht ideologisch verblendet zu handeln, sondern pragmatisch. Sie wollen damit signalisieren, dass sie sich über kleinlichem parteipolitischem Gezänk stehend fühlen und sich allein von praxisbezogener Vernunft leiten lassen wollen. Jedes auftauchende Problem werde, so versprechen sie, unbelastet von ideologischem Ballast einer situativen Lösung zugeführt. Besonders Politiker, die in sogenannten unabhängigen oder alternativen Bewegungen mitmachen, rühmen sich als besonders pragmatisch und nutzen für sich das latente Misstrauen des Volkes Parteien gegenüber. Gemäss Wikipedia werde im Pragmatismus praktisches Handeln über theoretische Vernunft gestellt, weshalb pragmatisches Handeln nicht an unveränderliche Prinzipien gebunden sei. Gewiss widerspiegelt das Lob des Pragmatismus das Misstrauen gegenüber Ideologien, die im 20. Jahrhundert so viel Leid über die Menschheit gebracht haben. Aber ist denn pragmatisches Handeln in diesem Sinne von höherer moralischer und sachlicher Qualität?

Ich sehe im Wort Pragmatismus bei vielen Politikern einen Euphemismus für eine sträfliche Prinzipienlosigkeit und Beliebigkeit. Die Einhaltung wichtiger ethischer und ökonomischer Prinzipien hat nichts mit Ideologie zu tun. Wer prinzipienlos und opportunistisch, den zufällig gerade durch politische Empörungsunternehmer hochgepeitschten Emotionen folgend, politische Handlung an politische Handlung reiht, verheddert sich und geht mit Sicherheit in die Irre. Gewiss, Politiker müssen sich dessen annehmen, «was das Volk bewegt», wie es so schön heisst. Sie müssen aber auch den Mut haben, das langfristig Wichtige anzupacken, auch wenn es den Menschen gerade nicht auf den Fingern brennt.

Weil politische Probleme komplex und vernetzt sind und weil eine Massnahme, die das eine Problem zu lösen verspricht, ein anderes, ebenso gravierendes schaffen kann, muss Politik auf ethischen und ordnungspolitischen Überzeugungen beruhen und sich an ökonomischen Erkenntnissen orientieren. Nur so bleibt sie kohärent und nur so schafft sie Wohlstand. Ich habe mich andernorts eingehend zu Fragen der Ethik und Moral geäussert.[28] Ich will mich hier auf die ordnungspolitischen Aspekte und die relevanten ökonomischen Fragen konzentrieren.

Take-away 12: Politik muss sich an ethischen und ordnungspolitischen Prinzipien orientieren. Sonst geht sie in die Irre.

Ich möchte nun versuchen, im Lichte der Erkenntnisse über das Zusammenwirken von Menschen, Institutionen und Kultur möglichst einfache Leitplanken zu formulieren, an denen eine kohärente Wirtschaftspolitik gemessen werden kann und denen Rechnung getragen werden muss, wenn die Menschen Wohlstand erarbeiten sollen. Vier der Leitplanken betreffen Anreize für das Handeln von Individuen, fünf für die Gestaltung der Struktur von Staaten, Gliedstaaten und Kommunen, damit diese nicht nur die ersten vier Leitplanken mit den vier individuellen Anreizsystemen erfüllen, sondern auch als Kollektive ihre Selbstverantwortung wahrnehmen müssen und können.

Vier Leitplanken zur Schaffung von richtigen Anreizen für individuelles Handeln

Erste Leitplanke: *Der Staat darf den Menschen die Früchte ihrer Leistung nicht stehlen.*

Dann und nur dann arbeiten die Menschen hart, sparen, investieren, innovieren, entwickeln Ideen und bilden sich aus eigener Motivation ständig aus und weiter. Diese Bedingung umfasst Elemente wie beispielsweise Eigentumsgarantie, belehnbares Grundeigentum, nur moderate Steuern, stabilen Geldwert, vernünftige Sparzinsen und wirksames Patentrecht. Wenn sich Leistung nicht mehr lohnt, weichen die Menschen in Leistungsverweigerung, Minimalismus, Schwarzarbeit oder Steuerhinterziehung aus.

Zweite Leitplanke: *Der Staat darf die stete Erneuerung nicht behindern, denn nur diese sichert Wohlstand auf Dauer.*

Obsoletes muss verschwinden, damit Neues gedeihen kann. Das ist nichts anderes als die Schumpeter'sche «creative destruction». Es muss alles vermieden werden, was das behindert, etwa Verkrustung von Arbeitsmärkten (zum Beispiel durch übersteigerten Kündigungsschutz), Behinderung von Betriebsstilllegungen, Ächtung von neuen Technologien und ganz allgemein Strukturerhaltungspolitik. Dazu gehören strukturzementierende Subventionen genauso wie beispielsweise Marktzutrittsbarrieren oder Kartelle. Man kann es provokativer und paradox formulieren: Nur wenn keine Besitzstände geschützt sind, kann der Besitzstand der ganzen Volkswirtschaft bewahrt oder gar gemehrt werden. Das werden die Menschen aber nur dann akzeptieren können, wenn ein soziales Sicherheitsnetz die Härten des Strukturwandels abfedert.

Dritte Leitplanke: *Die sozialen Unterschiede dürfen ein als fair wahrgenommenes Ausmass nicht übersteigen.*

Ich habe auf die angeborene Fairnesspräferenz der Menschen hingewiesen. Eine Gesellschaft braucht eine gewisse Ausgeglichenheit des Wohlstandes, damit sie stabil ist und die politischen Zustände als fair empfindet. Marktwirtschaft schafft aber Ungleichheiten. Der Staat muss diese massvoll glätten, sonst verliert die Marktwirtschaft an Akzeptanz beim Volk. Das gefährdet ihre notwendigen Freiräume, weil die Demokratie sonst mit wachstumshemmenden Interventionen reagieren wird. Deshalb braucht es auch einen angemessenen sozialen Ausgleich. Aus der Fairnesspräferenz ergibt sich weiter, dass niemand unverschuldet Not leiden und dadurch seine Würde verlieren soll. Studien zeigen auch, dass sozial abgesicherte Menschen risikofreudiger sind, und das Eingehen von Risiken ist für Wachstum wichtig. Zudem sind Strukturanpassungen einfacher umzusetzen, wenn es ein soziales Auffangnetz gibt. Das alles ist nicht ohne eine angemessene Umverteilung möglich. Progressive Steuern und solidarisch finanzierte Sozialwerke sind geeignete Umverteilungsinstrumente zum Wohlstandsausgleich.

Der Staat befindet sich hier aber in einem schwierigen Zielkonflikt: Verteilt er zu viel um, beschädigt er den Leistungswillen der Zahler und der Empfänger, verteilt er zu wenig um, empfinden die Menschen das System als ungerecht. Das Austarieren dieses Zielkonflikts ist in jeder Demokratie ein Dauerthema. Ein zusätzliches Erschwernis besteht darin, dass sich das Urteil darüber, was fair ist und was nicht, im Laufe der Zeit verändern kann, und zwar ohne dass sich die zugrunde liegenden objektiven Fakten verändert haben. Gerade in den wirtschaftlich privilegierten Ländern wie Deutschland oder der Schweiz steigen die Ansprüche an das, was man als fair empfindet, nach langen Wohlstandsphasen immer höher. Das ist riskant, weil diese Ansprüche in der realen Welt womöglich gar nie erfüllbar sind.

Vierte Leitplanke: *Eine moderne Volkswirtschaft muss den Talentpool des ganzen Volkes erschliessen und nicht nur den einer finanzstarken oder oligarchischen Minderheit.*

Nur dann kann sie im Standortwettbewerb bestehen. Ich erinnere an den Satz von Mokyr, wonach Investitionen in die Bildung der breiten Masse noch immer die beste Wachstumsstrategie sei. Dazu gehören etwa Bildung, Weiterbildung, Berufsbildung, Chancengleichheit sowie freier Zutritt zu Arbeitsmärkten und Berufsfeldern. Aber auch die Erfüllung der ersten Leitplanke trägt dazu bei, weil sie die Motivation erzeugt, sich freiwillig aus- und weiterzubilden. Wenn die Menschen diese Motivation nicht haben, nützen die schönsten Schulhäuser und die besten Lehrer nichts. Es ist wie im alten Gleichnis mit den Pferden: Man kann sie zur Tränke führen, aber trinken müssen sie selber.

Für die Schweiz als technologische Spitzennation darf aber auch, wiederum gemäss Mokyr, die Förderung der Besten und Gescheitesten nicht vernachlässigt werden. Das ist in einem Land, in dem ein gewisses Misstrauen allem Elitären und Herausragenden gegenüber besteht – auch das ein kultureller Faktor! –, nicht selbstverständlich.

Fünf Leitplanken zur Schaffung ökonomisch richtiger Anreizsysteme für Gemeinwesen

Fünfte Leitplanke: *Die ökonomischen Institutionen müssen dem ordnungspolitischen Konzept der Marktwirtschaft entsprechen.*

Dies ist, so banal es klingt, die Grundthese zur Schaffung von Wohlstand. Ich habe schon beim Abschnitt über den Wettbewerb darauf hingewiesen, dass nur Märkte und nicht Pläne es schaffen, Angebot und Nachfrage so in Übereinstimmung zu bringen, dass die richtige Anzahl Güter zur richten Zeit in der richtigen Qualität und zum richtigen Preis am richtigen Ort zur Verfügung steht. Das ist deshalb möglich, weil Märkte Millionen individueller Einzelentscheide zu aggregieren vermögen. Eigentlich ist kein demokratischeres Wirtschaftssystem vorstellbar. Im Wettbewerb wird der Erfolg belohnt und Misserfolg bestraft. Das schafft Anreize zur Innovation und zu ständigen Höchstleistungen.

Die Märkte erfüllen ihre Allokationsfunktion aber nur dann hinreichend, wenn der Staat ihnen genügend Freiräume belässt. Zu viele oder falsch konzipierte Staatseingriffe in die Märkte haben das Potenzial, auch Marktwirtschaften abzuwürgen. Die Beispiele dafür finden wir täglich in den Medien. Wir müssen sie nur sehen wollen. Das Versagen von Staatswirtschaften, welche die Produktion von Gütern mit Plänen steuern, ist so evident, dass niemand mehr sie ernsthaft in Erwägung zieht. Auch autoritäre Systeme setzen heutzutage erfolgreich auf Marktwirtschaft. Trotzdem wird uns seit der Finanzkrise pausenlos eingehämmert, die Marktwirtschaft habe versagt und die Welt werde ständig ungleicher und ärmer. Deshalb bedürften die Märkte der Korrekturen durch die Politik. Darauf, dass dies nicht zutrifft, habe ich einleitend hingewiesen.

Ich bin der nicht sehr populären Überzeugung, dass die meisten der unbestreitbaren Fehlentwicklungen der letzten Jahre auf zu wenig und nicht auf zu viel Marktwirtschaft zurückzuführen sind. Das Wegfallen plakativ sichtbarer extremer sozialistischer Misserfolgsmodelle nach dem Zusammenbruch der Sowjetunion hat sozialistischen Irrlehren offensichtlich wieder Raum gegeben. Es entwickelt sich die Illusion, eine Marktwirtschaft ertrage ohne Schäden Interventionen aller Art, und wenn die Schäden dann wirklich auftreten, gibt man der Marktwirtschaft und nicht den Interventionen die Schuld.

Das ist allerdings kein Plädoyer gegen den Staat. Im Gegenteil! Marktwirtschaft braucht einen Staat, aber einen klug begrenzten. Nur ein starker, solider und glaubwürdiger Staat kann nämlich jene Regeln durchsetzen und jene Leistungen erbringen, ohne die sich keine prosperierende Marktwirtschaft entwickeln kann. Näheres dazu habe ich schon im Kapitel über die Institutionen beschrieben.

Die nächsten vier Leitplanken haben mit einer Struktur des Staatsaufbaus zu tun, die man als Föderalismus bezeichnet. Dieser betrifft Fragen der Verteilung der Aufgaben zwischen Staaten, Gliedstaaten und Kommunen sowie Fragen der Gestaltung der Finanzströme innerhalb und zwischen diesen Gemeinwesen. Es ist von grösster Bedeutung, wie diese Fragen beantwortet werden, denn nicht nur natürliche Personen, also Individuen, reagieren auf Anreize, sondern auch Gemeinwesen als juristische Personen. Eine Gemeinde beispielsweise wird teurere Strassen bauen, wenn sie vom Kanton zweckgebundene Zuschüsse ohne zu restriktive Auflagen erhält, als wenn sie die Strasse aus eigenen Mitteln finanzieren muss. Der Föderalismus hat aber vor allem auch staatspolitische, nicht nur finanzpolitische Implikationen. Er hat die Schweiz massgeblich geprägt, weil er mit der direkten Demokratie und dem Milizprinzip zusammen sozusagen das Fundament unserer politischen Kultur bildet. Er hat sich in unserer Geschichte als taugliches Mittel erwiesen, das Zusammenleben unterschiedlicher Minderheiten, Sprachen und Kulturen im gleichen Staat zu erleichtern. Wegen dieser Eigenschaft hat er in den letzten Jahren weltweit an Bedeutung gewonnen. Allerdings sind seine Ausprägungen von Land zu Land verschieden. Im Gegensatz zur internationalen Entwicklung wird der Föderalismus bei uns seit vielen Jahren zwar verbal immer noch gepriesen, faktisch ist er aber angefochten. Ich halte es für wichtig, sich bei der Diskussion des Föderalismus nicht von Anfang an in seinen zahllosen Verästelungen zu verlieren, sondern sich zunächst auf seine grundsätzliche Bedeutung zu besinnen. Der Föderalismus hat im Wesentlichen vier zentrale politische Funktionen:

Erstens: Der Föderalismus bändigt die Staatsmacht durch deren Aufteilung auf die drei Ebenen Kommunen (Gemeinden), Gliedstaaten (Kantone) und Zentralstaat (Bund). Er verhindert damit, dass wir als Bürger einem zentralen Moloch ausgeliefert sind. Gerade dem Liberalen ist dieser Effekt wichtig. Schaltegger und Winistörfer sprechen auch von der freiheitsbewahrenden Wirkung des Föderalismus, indem die Eindämmung der Besteuerungsmacht vor fiskalischer Ausbeutung schütze.[29]

Zweitens: Der Föderalismus erzeugt einen kreativen Wettbewerb der Systeme. Zwischen den Gliedstaaten besteht ein innovativer Wettbewerb der politischen Ideen. Ein berühmtes Beispiel ist das Glarner Fabrikgesetz aus dem vorletzten Jahrhundert, das nach seiner erfolgreichen Bewährung im Kanton Glarus auf Bundesebene übernommen wurde. Auch die Volksrechte wurden zuerst in den Kantonen getestet, bevor sie mit den Totalrevisionen von 1874 und 1891 in die Bundesverfassung Eingang fanden. Die Kantone waren mithin immer eigentliche Labors, die zuerst politische Innovationen entwickelten, die sich bei Bewährung anderswo durchsetzten. Auch der Steuerwettbewerb hat in der Schweiz eine grosse Bedeutung. Er übt Druck in Richtung eines optimalen Preis-Leistungs-Verhältnisses beim Staat aus und wurde damit zu einer wichtigen Grundlage auch des wirtschaftlichen Erfolges der Schweiz. Es ist ja nicht so, dass im Steuerwettbewerb nur die Höhe der Steuern zählt. Bürger und Unternehmen wissen sehr wohl, dass nicht nur die Steuern, sondern auch die Gegenleistungen des Gemeinwesens zu bewerten sind.

Drittens: Regionen und Minderheiten können im Föderalismus ihr engeres politisches Umfeld gemäss ihren Präferenzen gestalten. Damit können sie ihre politische Identität besser bewahren. Interessant ist beispielsweise, dass sich das unterschiedliche Staatsverständnis der französischen Schweiz und der Deutschschweiz in recht unterschiedlichen Gemeindeordnungen niederschlägt.

Viertens: Durch die grössere Bürgernähe wird das Gemeinwesen besser kontrollierbar. Schaltegger und Winistörfer weisen darauf hin, dass bei der Bereitstellung der öffentlichen Leistungen der Wettbewerb die Behörden zwingt, den Präferenzen der Bürger besser Rechnung zu tragen.[30] Die Staatsleistungen werden bedarfsgerechter und effizienter. Dies hat sich beispielsweise für die Schaffung einer guten und gezielten Infrastruktur in der Schweiz segensreich ausgewirkt, wie Leonhard Neidhart darlegt.[31]

Take-away 13: Der Föderalismus als Ordnungsprinzip für einen dezentralen Staatsaufbau hat vier zentrale Funktionen: Er bändigt die Staatsmacht durch deren Aufteilung auf drei Ebenen, er erzeugt einen kreativen Wettbewerb zwischen den Gliedstaaten, er schafft durch Bürgernähe bedarfsgerechtere und besser kontrollierte Staatsleistungen, und er gestattet den Gliedstaaten durch die Gestaltung ihres näheren politischen Umfeldes gemäss ihren Präferenzen die Erhaltung ihrer Identität.

Damit die Vorteile des Föderalismus wirklich zum Tragen kommen, müssen einige im Grunde sehr einfache strukturelle Prinzipien beherzigt werden. Ich will sie in den folgenden Leitplanken festhalten:

Sechste Leitplanke: *Staatsaufgaben sollen gemäss Subsidiaritätsprinzip so tief wie möglich angesiedelt werden.*

Das bedeutet, dass eine übergeordnete Staatsebene eine Aufgabe nur dann übernehmen soll, wenn die nächsttiefere Ebene, also Gliedstaat oder Kommune, diese nicht ebenso gut oder besser erfüllen kann. Dabei hat sich in der Schweiz die sogenannte Kompetenzvermutung der Kantone als eigentliche Zentralisierungsbremse bewährt. Diese Regel besagt, dass der Bund eine Aufgabe nur dann übernehmen soll, wenn er dafür über eine ausdrückliche Verfassungsgrundlage verfügt. So einfach das Subsidiaritätsprinzip nun klingt, so schwierig ist es in der Praxis umzusetzen, weil immer unterschiedliche Meinungen darüber bestehen werden, wo was besser angesiedelt sein sollte. Aber als grundsätzlicher Denkansatz ist dieses Prinzip wichtig. Anlässlich der grossen Föderalismusreform Neugestaltung der Aufgabenteilung und des Finanzausgleichs (NFA) wurde das Subsidiaritätsprinzip in der Bundesverfassung klar verankert. Die Widerstände dagegen durch Interessengruppen und notorische Zentralisten waren aber im Parlament sehr gross, und es ist leider festzustellen, dass sich das Parlament in der konkreten Tagesarbeit keinen Deut um dieses Prinzip kümmert.

Siebte Leitplanke: *Gemäss dem fiskalischen Äquivalenzprinzip sollen für die Erfüllung einer staatlichen Aufgabe Verantwortung, Entscheidung, Finanzierung, Vollzug und Nutzung der gleichen Ebene zugeordnet sein.*

Es geht im Grunde ganz einfach darum, dass das Gemeinwesen, das eine Staatsleistung für seine Bürger einführen will, sie auch selber konzipieren, ausführen und bezahlen soll. Nur so werden die Mittel haushälterisch und effizient eingesetzt. An der mehr oder weniger ausgeprägten Missachtung dieses Prinzips kranken die meisten Föderalismen in anderen europäischen Staaten. Aus dem Äquivalenzprinzip folgt auch, dass jede staatliche Körperschaft eindeutig zugeteilte Aufgaben haben muss und dass sie auch für deren Finanzierung verantwortlich ist. Verbundaufgaben zwischen Zentralstaat und Gliedstaaten, die leider mehr und mehr ins Kraut schiessen, sind letztlich nur unter Verletzung dieses Prinzips lösbar. Sie werden allerdings in der politischen Praxis nicht mehr auszumerzen sein. Es gibt zwar durchaus Modelle, die eine einigermassen effiziente Erfüllung solcher Verbundaufgaben ermöglichen. Aber eigentlich sind Verbundaufgaben des Teufels. Auch das Äquivalenzprinzip wurde in der Bundesverfassung anlässlich der NFA klar verankert, ohne aber bei neuen Projekten durchschlagende Wirkung zu entfalten.

Gliedstaaten mit ausgeprägter Autonomie werden allerdings in vielen Bereichen unterschiedlich erfolgreich sein. Deshalb werden sich mit der Zeit Unterschiede in Bezug auf Finanzkraft und Wohlstand ergeben. Dafür sind einerseits unverschuldete Gründe wie geografische Lage, Topografie oder Klima verantwortlich. Andererseits gibt es aber auch sozusagen «verschuldete» Gründe wie eine bessere oder schlechtere Finanz- oder Wirtschaftspolitik. Nun akzeptieren die Menschen aber wegen der schon mehrfach erwähnten angeborenen Fairnesspräferenz allzu grosse Wohlstandsunterschiede auch zwischen Gliedstaaten nicht. Deshalb muss der Staat mit einem Finanzausgleichssystem solche Unterschiede mildern und jedem Gliedstaat (Kanton) eine angemessene Erfüllung seiner Aufgaben ermöglichen. Dabei entsteht das gleiche Grundproblem wie beim Sozialstaat: Einerseits muss das Ausgleichssystem die Wohlstandsunterschiede wirksam dämpfen, andererseits dürfen weder die Geber noch die Nehmer starke Anreize erhalten, weniger Leistung zu erbringen und auf dem Status quo auszuruhen. Weiter dürfen die bezahlenden Starken nicht so geschwächt werden, dass sie ihre Stärke verlieren.

Alle diese Anforderungen, die sich wie auch in der Sozialpolitik teilweise widersprechen, erfordern eine sorgsame Ausgestaltung der Mechanismen eines Finanzausgleichssystems mit ihren Anreizwirkungen. Es ergeben sich daraus vier konkrete Forderungen: Erstens muss die Masszahl, die für die Festlegung der zu gebenden oder zu erhaltenden Finanzausgleichsmittel massgeblich ist, manipulationsresistent sein. Sie darf nicht vom Gliedstaat selber beeinflusst werden können, weil dieser sonst versuchen wird, durch irgendwelche Tricks das Maximum für sich herauszuholen.

Zweitens sollen nach der sogenannten Tinbergen-Regel, wonach ein ökonomisches Instrument nur einem einzigen Zwecke dienen soll, Finanzausgleichssubventionen und Anreizsubventionen nicht vermischt werden. Wenn der Zentralstaat beispielsweise durch Subventionen den Strassenbau der Gliedstaaten stimulieren will, diese Subventionen aber wegen des Finanzausgleichs nach Finanzkraft des jeweiligen Gliedstaates abstuft, wird der reiche Gliedstaat mit einer nur bescheidenen Subvention keinen Anreiz haben, die Strasse zu bauen, wohingegen der arme Gliedstaat mit einem grossen Subventionsanteil nicht nur den Anreiz verliert, die Mittel haushälterisch einzusetzen, sondern im Gegenteil in Versuchung gerät, durch möglichst aufwendigen Vollzug Geld in die Region zu locken. Die Praxis hat solche Verzerrungen der Anreizstrukturen immer wieder bestätigt.

Drittens sind die Beiträge des Finanzausgleichs an die Gliedstaaten grundsätzlich als frei verwendbare Mittel zu gewähren, denn nur so werden sie gemäss dem Äquivalenzprinzip haushälterisch und gemäss den lokalen Prioritäten genutzt. So ist es durchaus systemkonform, wenn ein finanzschwacher Kanton diese Mittel auch für Steuersenkungen braucht und damit vielleicht sogar finanzstarke Geberkantone konkurriert. Wenn er damit seine Wirtschaftskraft steigern kann, wird er künftig weniger Ausgleichsmittel benötigen und erhalten.

Viertens muss das Interesse sowohl der finanzstärkeren als auch der finanzärmeren Kantone erhalten bleiben, ihre wirtschaftliche Situation aus eigener Kraft zu verbessern. Der gebende Kanton darf nicht so viel von einer Verbesserung seiner Finanzkraft abgeben müssen, dass er nicht mehr nach Verbesserungen strebt, und der nehmende Kanton muss so viel von seinen Verbesserungen behalten dürfen, dass er keinen Anreiz hat, es beim Status quo bewenden zu lassen.

Alle diese Elemente lassen sich in der *achten Leitplanke* zusammenfassen.

Achte Leitplanke: *Weil innerhalb eines Staates zu grosse Wohlstandsunterschiede dessen Stabilität gefährden, muss der Föderalismus von einem Finanzausgleichssystem flankiert werden. Um Fehlanreize zu vermeiden oder mindestens zu mildern, muss die Messung des Ausgleichsbedarfs auf objektiven, nicht manipulierbaren ökonomischen Daten beruhen, sind den Nehmern zweckfreie Mittel zur Verfügung zu stellen, dürfen Anreiz- und Ausgleichssubventionen nicht vermischt werden und muss es im Interesse der Geber und Nehmer bleiben, die jeweilige Situation aus eigener Kraft zu verbessern.*

Meiner Erfahrung nach haben alle föderalistischen Staaten eine innere Tendenz zur Zentralisierung. Auch nach der NFA ging in der Schweiz der Zentralisierungstrend ungebremst weiter. Schaltegger und Winistörfer diagnostizieren 96 Änderungen von Rechtserlassen seit der Volksabstimmung über die Verfassungsgrundlage der NFA im Jahre 2004, die Zentralisierungen sowie neue Aufgabenverflechtungen zur Folge haben, und keine einzige Vorlage zur Dezentralisierung.[32] In der Diskussion zur Trockenlegung des griechischen Verschuldungssumpfs und zur Stabilisierung der Eurozone ist seitens der Beteiligten fast ausschliesslich die Rede von neuen Verschuldungsquellen und neuen Kompetenzen für Brüssel. Von der Beseitigung der gravierenden Fehlanreize der Eurokonstruktion und der disziplinierenden Stärkung der Selbstverantwortung überschuldeter Staaten spricht kaum jemand. Transfers werden zwar verbal nach wie vor abgelehnt, um die wahre Lage vor den haftenden Steuerzahlern der soliden Länder zu verschleiern. Aber was sind neue Schulden, von denen jedermann weiss, dass sie nie zurückbezahlt werden können, anderes als Transfers?

Die Zentralisierungstendenz ist das Resultat einer ganzen Reihe unheiliger Allianzen von Akteuren, die ein Interesse an Zentralisierungen haben. Dazu gehören die Politiker und Bürokraten der Zentrale, die ihren Einflussbereich ausbauen wollen, ebenso wie Vertreter der Gliedstaaten, die noch so gerne für ein Butterbrot an Subvention unliebsame Probleme an die Zentrale abschieben. Dazu kommen die ideologischen Gleichmacher, die Unterschiede prinzipiell verabscheuen, sowie die zahllosen Lobbys und Profiteure, die sich mit nur einem Ansprechpartner einfacher Vorteile auszuhandeln versprechen. Am schlimmsten wohl aber ist die Ahnungslosigkeit vieler Politiker über wichtige ökonomische und politische Zusammenhänge sowie die Priorität, die viele Politiker der Eigenprofilierung beimessen und deshalb situativ jeweils alle Prinzipien opfern. Pragmatismus eben!

Take-away 14: Föderalistische Staaten haben eine inhärente Tendenz zur Zentralisierung. Es ist unklar, wie dieser Tendenz am wirksamsten begegnet werden kann.

Mir scheint, eine weitere Leitplanke wäre wichtig, nämlich die Verstärkung des Prinzips Haftung auch in der Politik. Das mag auf weite Strecken Neuland sein für die Politik. Walter Eucken hat wohl als einer der Ersten mit Nachdruck darauf hingewiesen, dass in der Marktwirtschaft Handlungskompetenz mit Haftung verbunden sein muss.[33] Das ist der stärkste Anreiz, eine Handlungsbefugnis verantwortungsvoll zu nutzen. Private haften für ihre Schulden, Unternehmen werden bei Überschuldung liquidiert, sorglose Kreditgeber verlieren ihr Geld und systemrelevante Grossbanken sollen zu Recht abgewickelt werden können. So sollten auch Staaten, Gliedstaaten und Kommunen geordnet Pleite gehen können. Natürlich können diese Gemeinwesen nicht direkt mit Unternehmen verglichen werden, da sie nicht einfach liquidiert werden und damit verschwinden können. Aber ein transparentes, rechtlich verbindliches und regelgebundenes Insolvenzverfahren für öffentliche Körperschaften bei Zahlungsunfähigkeit würde Rechtssicherheit schaffen, die Gläubiger zu risikoadäquater Kreditvergabe anreizen, das Destabilisierungspotenzial einer Staatspleite reduzieren und bei kluger Ausgestaltung (inklusive Mechanismen zur Vermeidung des «moral hazard» des Schuldners) das Verantwortungsbewusstsein der verantwortlichen Regierungen schärfen. Die amerikanische Ökonomin Anne Krueger hat im Nachgang zur Argentinienkrise einen solchen «sovereign debt restructuring mechanism» vorgeschlagen. Die Schweiz verfügt seit über 50 Jahren über einen gesetzlich fixierten Mechanismus zum Vorgehen bei Insolvenz von Gemeinden. Schaltegger und Winistörfer zeigen am Beispiel der Gemeinde Leukerbad in der Schweiz, die Ende der 1990er-Jahre zusammenbrach, wie sich das Vorhandensein eines solchen Mechanismus auf die Bewältigung der Insolvenz auswirkt.[34] In der Schweiz wird sich jedenfalls jede Gemeinde hüten, je wieder in eine solche Situation zu geraten. Übrigens hat der Sachverständigenrat der deutschen Bundesregierung unlängst die Schaffung eines geregelten Insolvenzverfahrens für Staaten angeregt. Dieser soll der Nichtbeistandsklausel im Vertrag von Lissabon wieder Glaubwürdigkeit verleihen.[35] Daraus ergibt sich die folgende *Leitplanke.*

Neunte Leitplanke: *Für Staaten, Gliedstaaten und Kommunen sollten rechtlich verbindliche regelgebundene Insolvenzverfahren vorgesehen werden.*

Vielleicht sollte man sich grundsätzlich Gedanken darüber machen, wie Haftungselemente für Politiker beim Verstoss gegen wichtige Prinzipien gestaltet werden könnten. Denkbar wäre etwa, Parlament und Regierung bei Nichteinhaltung beispielsweise einer Schuldenbremse aufzulösen und Neuwahlen auszuschreiben. Solches scheuen vor allem Berufspolitiker, weil das Risiko der Nichtwiederwahl gerade für sie finanziell ins Gewicht fällt.

4.
Bemerkungen zur Demokratie

Ich habe einleitend auf die Schwierigkeiten des Entscheidungsprozesses in der Demokratie im Vergleich mit der Wirtschaft hingewiesen. Ich möchte diese Problematik hier vertiefen. Der Institution Demokratie haften einige Fehlanreize an, die ihr im gegenwärtig herausfordernden Umfeld zu schaffen machen.[36] Zunächst möchte ich aber einige der grossen Stärken der Demokratie erwähnen. Für Wohlstand unentbehrliche Erfordernisse wie Chancengleichheit, Bildung für alle und zureichende Freiheiten haben viel mit dem politischen System zu tun. Die Demokratie sichert die Gleichheit aller Bürger vor dem Gesetz, verleiht Macht nur auf Zeit, lässt die Abwahl von Politikern zu, die ihre Macht missbrauchen, verteilt diese Macht breit und ermöglicht demokratisch allen Gruppen Zugang zur Macht auf Zeit. Deshalb ist die Demokratie am besten geeignet, Fehlentwicklungen auch immer wieder zu korrigieren.

Nun sind aber gerade in der gegenwärtigen Finanz- und Wirtschaftskrise bewährte Demokratien in grosse Probleme geraten, während autoritäre Systeme und «gelenkte» Demokratien, die auf Marktwirtschaft setzen, im Aufschwung sind. Deshalb hat für viele aufstrebende Länder die Demokratie an Strahlungskraft verloren. Wenn man der Frage nachgeht, warum so viele Demokratien versagen, stösst man auf institutionelle Fehlanreize, welche die Politiker dazu verleiten können, nicht im langfristigen Interesse ihrer Staaten zu handeln. Ich will deren sechs skizzieren:

Das Wachstum des Staatssektors

Das erste Problem ist das Wachstum des Staatssektors. Nach dem sogenannten Wagner'schen Gesetz steigt mit dem Wohlstand und dem technologischen Fortschritt die Nachfrage nach öffentlichen

Gütern und Dienstleistungen. Das ist im Grunde plausibel und natürlich.[37] Von einer gewissen Grösse des Staatssektors an muss man indessen von einem schleichenden «crowding out» des Privatsektors sprechen, der die Steuern zur Finanzierung dieses Staatssektors erarbeiten muss. Schon die simple Überlegung, dass ein Staat mit 100 Prozent Staatssektor ohne den Wohlstand und Steuersubstrat schaffenden Privatsektor nicht lebensfähig sein kann, zeigt, dass es einen Punkt geben muss, von dem an die anfänglich positive Korrelation zwischen Wohlstand und Grösse des staatlichen Sektors ins Negative umschlägt. Dieser Punkt ist in vielen europäischen Staaten überschritten. Durch die Gewährung von immer höheren Staatsleistungen wecken die Politiker zudem nicht erfüllbare Erwartungen bei den Bürgern, die dann bei Nichterfüllung in Frust umschlagen. Der Philosoph Otfried Höffe spricht von struktureller Überforderung der Demokratie.[38] Diese Hypertrophie des Staates hat drei fatale Konsequenzen: erstens die Gewöhnung der Bürger ans umfassende Betreutwerden mit der damit verbundenen abnehmenden Neigung zur Wahrnehmung von Selbstverantwortung, zweitens die wachsende Macht der Interessengruppen, die vom auswuchernden Staat profitieren und ihre Besitzstände zäh verteidigen, sowie drittens die Überregulierung, die sich zunehmend als hemmendes Korsett für die Marktwirtschaft erweist und die Anpassungsfähigkeit des Staates gefährlich beeinträchtigt.

Anreize zum Ausgeben, Verfügbarkeitskaskade, föderalistische Fehlanreize, Umgang mit Reformen und Demografie

Ein zweites Problem sind die strukturellen Anreize der Demokratie zum Ausgeben und Schuldenmachen. Darauf werde ich in Kapitel 6 näher eingehen. Ein drittes Problem ist die vorne geschilderte Kahneman'sche Verfügbarkeitskaskade, die durch Emotionalisierung und systematische Empörungsbewirtschaftung aus einem wenig bedeutenden Einzelereignis die Wahrnehmung eines flächendeckenden

Missstandes erzeugt. Dieser Prozess setzt die politischen Prioritäten neu fest, und zwar nicht gemäss den wahren Notwendigkeiten, sondern nach Massgabe des künstlich erzeugten Pegels an Empörung. Damit verpufft politische Energie am falschen Ort und wichtigere Probleme bleiben ungelöst. Ein viertes Problem sind falsche föderalistische Anreizstrukturen, die nicht den geschilderten Leitplanken entsprechen und zu gravierenden Fehlentwicklungen führen können. Die Probleme des Euroraumes haben sehr viel damit zu tun.

Ein fünftes Problem ist der schwierige Umgang der Demokratie mit Reformen. Weil Reformen Fehlentwicklungen korrigieren müssen und damit heilige Besitzstände tangieren, erzeugen sie erbitterte Widerstände. Das ist für Regierungen unangenehm und kann die Wahrscheinlichkeit der Abwahl markant erhöhen. Deshalb versuchen die meisten Regierungen alles, um schmerzhafte Eingriffe zu vermeiden. Mit ökonomisch unsinnig tiefen Zinsen will die EZB gegenwärtig den überschuldeten Staaten Zeit verschaffen, ihre strukturellen Hausaufgaben schmerzfrei zu lösen. Sie hat damit aber den Reformdruck massiv gesenkt. Deshalb muss man heute feststellen, dass trotz Fortschritten keines der wirtschaftlichen Probleme der EU wirklich gelöst ist. Die Methode, den Patienten mit der Droge zu heilen, an der er erkrankt ist, läuft sich langsam tot. Darum bin ich der Meinung, die Krise sei noch längst nicht überwunden. Mutige Reformen und Einschnitte, wie wir sie etwa bei der Transition in Polen, später in der Türkei, dann etwa in Schweden, Estland, Lettland und jetzt Irland gesehen haben, erzeugen wohl kurzfristig stärkere Schmerzen, führen aber nachher zu höherem und nachhaltigerem Wachstum. Die trotzige Reformresistenz etwa Frankreichs oder Italiens gibt für die ganze Eurozone zu grosser Sorge Anlass.

Ein sechstes Problem ist die demografische Entwicklung vieler reifer Demokratien und vor allem die Unfähigkeit – bisher auch der Schweiz! –, diese in den Sozialwerken nachhaltig zu bewältigen. Die durch nicht finanzierte soziale Leistungsversprechen verursachte und in den Staatsrechnungen nicht sichtbare implizite Staatsverschuldung ist in vielen Ländern grösser als die ausgewiesene explizite. Der Finanzchef eines grossen Unternehmens, der derart gigantische Verpflichtungen nicht bilanzierte, wäre längst hinter Gittern.

Alles das zusammen hat viele Demokratien in eine schwierige Situation gebracht und Zweifel an den so gerühmten Selbstheilungskräften der Demokratie aufkommen lassen. Die Demokratie hat nicht nur in den Demokratien selber markant an Zustimmung verloren, sondern generell an Vorbildwirkung in vielen aufstrebenden Ländern. Die durch die Fehlanreize bewirkten Fehlentwicklungen haben auch dazu geführt, dass in vielen Demokratien die Menschen und die Unternehmen nicht mehr genügend Anreize haben, die für Wohlstand unabdingbare Leistung zu erbringen. Das Wachstum des Staatssektors über die optimale Grösse hinaus und das explodierende und teilweise falsch konzipierte Regulierungsgeflecht schnüren der Marktwirtschaft schleichend die Luft ab. Zu hohe Steuern und erodierende Eigentumsrechte stehlen mehr und mehr von den Früchten der Leistungen der Menschen und demotivieren sie. Rigide Arbeitsmärkte, Überregulierung, verkrustete Bürokratien und die Bremskraft der organisierten Interessen hemmen die stete Erneuerung der Wirtschaft, und ohne diese ist Wohlstand auf Dauer nicht zu haben. Die aus diesen Fehlentwicklungen resultierende Wachstumsschwäche und hohe Arbeitslosigkeit verschärfen das Problem der ungleichen Einkommensverteilung. Das alles zeigt, dass die grossen ungelösten Probleme der EU sehr grundsätzliche Ursachen haben und nicht nur mit der momentanen Finanzkrise und der Fehlkonstruktion des Euro zusammenhängen.

Wie können solche Fehlanreize gemildert werden?

Man kann jetzt natürlich hoffen, dass immer wieder starke politische Leader mit ihren regierenden Koalitionen in der Lage sein werden, den Fehlanreizen zu widerstehen und die notwendigen strukturellen Reformen politisch durchzusetzen. Beispiele dafür habe ich erwähnt. Oft aber riskieren Regierungen, die ihre Hausaufgaben machen, sogar ihre vorzeitige Abwahl. Demokratien werden deshalb versuchen müssen, ihre institutionellen Strukturen so anzupassen, dass die Fehlanreize reduziert werden. Aber auch das kann grosse politische Widerstände erzeugen.

Ich beschränke mich bei diesem Thema auf einige summarische Hinweise. Wo die Anreize der Politik, nicht langfristig und nicht nachhaltig zu agieren, übermächtig sind, können institutionelle Selbstbindungen der Politik wirksame Instrumente sein. Politiker müssen sich wie Odysseus gleichsam an den Mast binden lassen, um den Sirenengesängen der Wähler- und Interessengruppen widerstehen zu können. Ich denke etwa an Schuldenbremsen im Staatshaushalt oder an durch die demografische Entwicklung gefährdete Sozialwerke.

Aber auch die Delegation von staatlichen Aufgaben an unpolitische Experten, die sich dafür eignen, hat sich oft bewährt. Beispiele sind die unabhängigen Notenbanken oder Kartellbehörden. Dabei ist es allerdings wichtig, deren Aufgaben und Ziele präzise und eng zu definieren sowie eine transparente Rechenschaftsablage zu institutionalisieren. Sonst können sich solche Gebilde zu demokratisch nicht kontrollierten Staaten im Staate entwickeln. Dass beispielsweise einige Notenbanken ihre Mandate durch an sich verbotene Staatsfinanzierung überschreiten (auch wenn sie das vehement bestreiten!) und von der Politik erst noch Applaus erhalten, weil sie damit den Druck auf lästige Reformarbeit mindern, hat das Potenzial, langfristig enormen Schaden anzurichten. Ich war immer gegen die Verfassungsgerichtsbarkeit in der Schweiz. Aber der zunehmend lockerere Umgang des Parlaments mit der Verfassungsmässigkeit von Gesetzen und mit in der Verfassung festgelegten Prinzipien wie etwa das Subsidiaritäts- oder das fiskalische Äquivalenzprinzip lässt die Frage als legitim erscheinen, ob die Delegation auch solcher Entscheide an Experten – sprich: Gerichte! – nicht zu erwägen wäre.

Take-away 15: Die Demokratie ist die einzige Regierungsform, die der Würde des Menschen gerecht wird. Langfristig scheint sie auch mehr Wachstum als autoritäre Regierungssysteme zu erwirtschaften. Aber als Institution weist sie inhärente Fehlanreize auf, die ihren wirtschaftlichen Erfolg beeinträchtigen können. Institutionelle Selbstbindungen der Politiker und die Delegation geeigneter staatlicher Aufgaben an unpolitische Expertengremien können solche Fehlanreize entschärfen.

Auch vermehrte Elemente direkter Demokratie können ein taugliches Mittel sein, um die Politik näher zum Bürger zu bringen und ihn zu ermuntern, den Politikern besser auf die Finger zu schauen. Gleichzeitig könnte dies den Demokratiefrust dämpfen, die Identifikation mit dem Staat verbessern und das bohrende Gefühl von Machtlosigkeit mildern. Bruno S. Frey hat empirisch nachgewiesen, dass Menschen in Staaten mit direkter Demokratie glücklicher sind als Menschen in parlamentarischen Demokratien. Warum sollte die EU beispielsweise nicht die Aufnahme neuer Länder einer doppelten Mehrheit der Staaten und Stimmbürger überlassen nach dem Modell unserer Verfassungsänderungen? Das könnte das Wirgefühl Europas möglicherweise besser stärken als die gesamteuropäische Regelung des Konsumentenschutzes bei Flugverspätungen oder einheitliche Roaminggebühren, wie sie der frühere Kommissionspräsident Barroso zur Gewinnung der Herzen der Europäer immer empfohlen hat.

Das Wichtigste ist indessen, das Wachstum des öffentlichen Sektors zu bremsen. Es gilt darüber nachzudenken, mit welchen Instrumenten dies bewerkstelligt werden könnte. Schuldenbremsen helfen gewiss mit. Ob kluge Regulierungsbremsen möglich sind, wäre zu prüfen. Umverteilung darf nicht über direkte Markteingriffe – etwa in die Arbeitsmärkte – angegangen werden, weil dies den zu verteilenden Kuchen verkleinert. In einer ersten Stufe muss möglichst unverfälschte Marktwirtschaft den Kuchen maximieren, und erst in einer zweiten Stufe können die ungleichen Ergebnisse der ersten Stufe angemessen geglättet werden, etwa – wie ich schon angedeutet habe –

durch solidarische Sozialwerke oder progressive Steuern. Dies ist die Grundidee des erfolgreichen skandinavischen Flexicurity-Konzepts.

Was im kulturellen Bereich liegt, ist schwieriger zu beeinflussen. Wenn Bürger die Demokratie zunehmend als Selbstbedienungsladen empfinden und nicht als eine anspruchsvolle Staatsform, die ihnen auch hohe Pflichten auferlegt, kann man das zwar beklagen, aber das ändert nichts. Auch für die Durchsetzung von nötigen, aber schmerzenden Reformen in der Demokratie gibt es kein Patentrezept ausser mutiger politischer Leadership. Wahrscheinlich müssen wir alle wieder erkennen, dass ein demokratischer Staat allen gehört, dass er Zuwendung und Engagement braucht und dass die Eliten aller Art, und nicht nur die, die etwas von ihm wollen, sich konstruktiv um ihn kümmern müssen. Das wird auch die Wirtschaftselite wieder lernen müssen. Und wir müssen hoffen, dass sich immer wieder Menschen finden, die den Mut haben, sich dem Staat zur Verfügung zu stellen und im Gegenwind für die notwendigen Reformen einzustehen, bisweilen unter bewusster Inkaufnahme des Risikos, auch im Erfolgsfall abgewählt zu werden.

Demokratie trotz allem

Ich habe mich bei der Schilderung der Probleme der Demokratie bewusst auf die wirtschaftlichen Probleme konzentriert. Wenn eine Demokratie ihren Bürgerinnen und Bürgern keinen Wohlstand mehr sichern kann, verliert sie an Zustimmung. Das können wir in einigen Ländern verfolgen. Dann kann den Menschen die Hoffnung auf bessere Verhältnisse durch autoritäre Führung, etwa durch das Auftauchen eines vermeintlichen Heilsbringers, als attraktiv erscheinen. Auch Wirtschaftsführer, denen demokratisches Gefeilsche oft zutiefst zuwider ist, haben häufig versteckte Sympathie für den «starken Mann». So eindrücklich nun aber der wirtschaftliche Erfolg einiger autoritärer Staaten auch sein mag, so sind doch zwei Aspekte zu bedenken. Zum einen haben viele dieser Staaten grosse strukturelle Probleme, die sich jederzeit entladen können, und deshalb ist es zweifelhaft, ob deren Erfolg nachhaltig ist. Zudem kann die Akzeptanz autoritärer Führung sehr rasch ins Wanken kommen, wenn das System nicht mehr genügend Wachstum generiert, dessen Früchte an eine ständig gebildetere Bevölkerung verteilt werden können. Dann kann politische Instabilität den Erfolg gefährden. Zum anderen geht es bei einem Regierungssystem natürlich nicht nur um Wirtschaft, sondern auch um wichtige Errungenschaften wie Freiheit, Menschenwürde, Menschenrechte oder politische Mitbestimmung. Die Studentenrevolten etwa im wohlhabenden Hongkong belegen, wie wichtig den Menschen solche Errungenschaften auch im Wohlstand sind.

Dazu kommt nun aber ein Drittes, auf das ich schon kurz hingewiesen habe. Acemoglu und Mitautoren zeigen in einer neueren Arbeit, dass Demokratie unabhängig vom vordemokratischen wirtschaftlichen Niveau einen signifikanten positiven Einfluss auf die wirtschaftliche Pro-Kopf-Leistung hat.[39] Demokratie erhöht das Bruttoinlandsprodukt (BIP) pro Kopf langfristig in der Grössenordnung von 20 bis 25 Prozent. Meist geht diesem Wachstum allerdings ein befristeter Einbruch des BIP voraus, dann aber verstärkt sich der positive Effekt auf das BIP im Laufe der folgenden 25 Jahre laufend. Die Autoren führen den positiven Effekt der Demokratisierung auf verschiedene Faktoren zurück, etwa die Zunahme von Investitionen, die Steigerung der Produktion von öffentlichen Gütern, beispielsweise im Bildungs- oder Gesundheitssektor, die Ermutigung ökonomischer Reformen und die Verringerung von sozialer Unrast. Die Autoren fanden kaum Hinweise, wonach die Demokratisierung für wenig entwickelte Länder eine wirtschaftliche Restriktion wäre. Interessant ist übrigens, dass Demokratisierungen oft in regionalen Wellen stattfinden. Es scheint hier eine Art positiver Ansteckung stattzufinden. Das sind doch ermutigende Erkenntnisse, die trotz Rückschlägen den Einsatz für Demokratie auch aus wirtschaftlicher Sicht als lohnend erscheinen lassen.

5.
Von der Konzeption zum Gesetz

Damit die Menschen in einem Land in Freiheit, Sicherheit und Wohlstand leben können, braucht es ein Geflecht interagierender staatlicher und privater Institutionen, und die Menschen müssen gleichzeitig gemeinsame kulturelle Werte entwickeln und leben. Davon war bisher die Rede. Daraus entsteht eine Art komplexes politisches Biotop, das schon durch kleine Störungen aus dem Gleichgewicht gebracht werden kann. Ich habe versucht zu zeigen, dass die Institutionen gewisse Bedingungen erfüllen müssen, damit die Menschen Anreize haben, Wohlstand zu erarbeiten, und damit die einzelnen staatlichen Gemeinwesen Selbstverantwortung in ihren Kompetenzbereichen übernehmen. Weil alles mit allem zusammenhängt, genügt es nicht, zu jedem auftauchenden Problem eine Einzellösung zu suchen, weil unerwartete Nebenwirkungen langfristig grosse Schäden anrichten können. Zugleich werden alle Lösungsansätze politisch stets umstritten sein. Meinungen werden aufeinanderprallen, und es ist schwierig, in diesen brodelnden permanenten Auseinandersetzungen auch gute Lösungen politisch durchzusetzen. Zusätzlich erschwert wird die Auseinandersetzung dadurch, dass sie auch von irrationalen Argumenten durchsetzt sein wird, ausgelöst beispielsweise durch Ängste, Machtansprüche oder Verfügbarkeitskaskaden. Es gibt keine Patentrezepte, die die Entwicklung und Durchsetzung guter Lösungen gewährleisten. Wie kann man beispielsweise Menschen überzeugen, dass bisweilen auch schmerzliche Opfer erbracht werden müssen, um ein langfristig wichtiges Ziel zu erreichen? Man kann auch nicht auf dem Reissbrett einen idealen Staat konstruieren und diesen den Menschen sozusagen per Dekret auferlegen. Staaten entwickeln sich über Jahrzehnte, wenn nicht Jahrhunderte, und jede Generation muss sie in einer sich rasch wandelnden Umwelt auf der Basis des Vorhandenen weiterentwickeln.

Aus meiner Erfahrung als Unternehmer und Politiker leite ich indessen einige Lehren ab, deren Beherzigung die Entwicklung und Durchsetzung guter Politiken erleichtert. Es sind dies, auf die kürzeste Formel gebracht, das Denken in kohärenten Konzeptionen, die Bewertung der denkbaren Lösungsansätze anhand der geschilderten ökonomischen und politischen Leitplanken sowie die Gewinnung von Mehrheiten in Volk und Parlament durch Leadership und eingehende, in die Tiefe gehende Diskussion. Ich will mich als überzeugter Eidgenosse vor allem auf das «Biotop Schweiz» beziehen. Ich glaube aber, dass sich gerade aus dem interessanten Labormodell Schweiz einige allgemeingültige Erkenntnisse ableiten lassen, die auch auf andere Demokratien in angepasster Form übertragbar sein könnten. Das Besondere an der Schweiz ist ja, dass es nicht reicht, wenn Politiker gute Lösungen beschliessen, sondern dass fast alle wichtigen politischen Weichenstellungen vom Volk bestätigt werden müssen.

Bevor man aber überhaupt Konzeptionen für einzelne Politiken entwickeln kann, braucht es einige politische Grundüberzeugungen, an denen sich Politik zu messen hat, und diese wiederum müssen sich an einem bestimmten Menschenbild orientieren. Für mich stand – trotz der geschilderten kognitiven Verzerrungen, die uns alle heimsuchen können! – immer der mündige Mensch im Zentrum, der einerseits zu Selbstverantwortung fähig ist, andererseits als soziales Wesen, das nur auf sich allein gestellt nicht überleben könnte, auch zum Florieren des Gemeinwesens Beiträge leisten muss. Dieser Mensch hat eine unantastbare Würde. Er soll sich in Freiheit entfalten können und über einen hinreichenden Wohlstand verfügen, der ihm überhaupt Freiheit erlaubt. Diese Würde gewährt ihm unantastbare Rechte, aber seine Vorteile als Glied einer Gemeinschaft überbinden ihm auch Pflichten (Stichwort Gemeinsinn). Das mögen Gemeinplätze sein, aber hin und wieder muss man sie sich vergegenwärtigen.

Warum die Demokratie, so komplex und verletzlich sie auch sein mag, diesem Menschenbild am ehesten entspricht, habe ich mehrfach angedeutet. Ich bin der Überzeugung, dass gerade die politische Kultur der Schweiz mit halbdirekter Demokratie, Milizsystem und Föderalismus, mit einer guten Mischung von Freiheitsdrang und Solidarität sowie mit Respekt vor Minderheiten diesem Menschenbild besonders angemessen ist. Ich will darauf nicht weiter eingehen, da ich mich dazu anderenorts detailliert geäussert habe.[40]

Take-away 16: Die wirtschaftlich erfolgreiche Demokratie braucht als Basis mündige und selbstverantwortliche Menschen mit einer unantastbaren Würde. Politik muss sich an diesem Menschenbild orientieren.

Denken in Konzeptionen

Wenn ich von Konzeptionen spreche, meine ich nicht in erster Linie Verfassungsartikel über komplexe Gesamtkonzeptionen, wie etwa eine Gesamtverkehrskonzeption oder eine Gesamtenergiekonzeption. Solche können natürlich sinnvoll sein, aber sie haben es in Volksabstimmungen schwer. Der Grund dafür ist einfach: Weil solche verbindlichen und umfassenden Verfassungsbestimmungen viele Besitzstände tangieren, treffen sie oft die unterschiedlichsten Interessengruppen, die sich dann zu einem mächtigen Oppositionsblock vereinen, der verbissen gegen die Vorlage kämpft. Die NFA allerdings, auf die ich noch näher eingehen werde, ist das Beispiel einer vom Volk deutlich akzeptierten Gesamtkonzeption.

Ich will unter dem Begriff Konzeption die gedankliche Durchdringung eines grossen Politikbereiches verstehen, eine Schilderung der Zusammenhänge, eine Definition der Ziele, eine Beschreibung der zu beachtenden Prinzipien sowie eine Analyse der vorgeschlagenen Instrumente und deren Wirkung. Die Form einer solchen Konzeption ist sekundär. Es kann ein einfacher Bericht, ein Weissbuch, ein Blueprint (um es modisch auszudrücken), eine Strategie, eine Botschaft, ein Regierungsprogramm oder ein Leitbild sein. Wichtig ist nicht die Bezeichnung, sondern der Inhalt. Auch die politische Verbindlichkeit kann variieren: Möglich ist eine parlamentarische Genehmigung, eine reine parlamentarische Kenntnisnahme oder nur eine Strategie, zu der sich der Bundesrat selbst verpflichtet. Natürlich braucht es nicht für jeden Bagatellentscheid eine Strategie. Aber für grössere Politikbereiche, etwa die Finanz- und Wirtschaftspolitik, die Energiepolitik, die Sicherheitspolitik, die Föderalismuspolitik oder die Altersvorsorge (abgestimmt auf die Finanz- und Wirtschaftspolitik), sind Konzepte nicht nur nützlich, sondern nötig. Deren Einzelteile müssen ein in sich stimmiges Ganzes bilden.

Konzeptionen haben im Wesentlichen vier Funktionen: Erstens zwingt deren Erarbeitung zu ganzheitlichem Denken. Die einzelnen Instrumente, etwa Steuern, Sozialbeiträge, Bildungsausgaben, Subventionen und dergleichen, müssen in ihrem Zusammenwirken beurteilt, Zielkonflikte identifiziert und austariert, unerwünschte Nebenwirkungen analysiert, Erfahrung anderer Länder beachtet sowie die Ziele umschrieben werden.

Zweitens gibt die Erarbeitung solcher Konzeptionen nicht nur der Verwaltung die Pflicht und die Gelegenheit, ihr Wissen zu bündeln und einzubringen. Auch die Wissenschaft kann und soll über Expertisen oder Hearings wichtige Impulse vermitteln. Gerade ein kleines Land mit begrenzten Ressourcen muss möglichst sein gesamtes intellektuelles Potenzial nutzen. Auch der Bundesrat, der schliesslich solche Konzepte diskutieren und verabschieden muss, wird zu grundsätzlichem Denken und zur Kohärenz gezwungen. Das gleiche gilt nachher für die parlamentarische Arbeit.

Drittens erzeugt ein solches Dokument schon im Vorfeld allfälliger konkreter gesetzlicher Massnahmen eine vielleicht kontroverse, aber breite politische Diskussion. Das sensibilisiert für die Problematik, es ergeben sich erste Indizien über Unterstützung und Gegnerschaft, Schwachstellen mögen sichtbar werden, auch vielleicht übersehene Aspekte. Auf jeden Fall wird schon der Boden bereitet für konkrete Umsetzungsschritte mittels der Gesetzgebung.

Viertens gibt die Konzeption dem Bundesrat die Möglichkeit, die kommenden relevanten Gesetzgebungsschritte in breitere Zusammenhänge einzuordnen und die Einzelmassnahme als notwendigen Bestandteil eines Ganzen zu plausibilisieren. Gleichzeitig hilft es bei einer allfälligen Volksabstimmung dem Stimmvolk, die Einzelvorlage ebenfalls als Teil eines Ganzen zu sehen. Das kann in einer demokratischen Auseinandersetzung vor einer Volksabstimmung von Bedeutung sein, ja, es kann durch die Diskussion sogar an Bedeutung gewinnen.

Take-away 17: Wichtige Politikbereiche bedürfen einer breiten konzeptionellen Grundlage. Ihre Erarbeitung zwingt zu ganzheitlichem Denken, und den Bürgern erlaubt sie die Einordnung und Bewertung der einzelnen gesetzgeberischen Schritte.

Der Notwendigkeits-Check

Ich habe schon angedeutet, dass Impulse für neue staatliche Regulierungen aus den verschiedensten Richtungen kommen. Parteien und Interessengruppen lancieren Volksinitiativen, Medien, NGOs, Kantone und Verbände mögen neue Regulierungen fordern, das Arsenal parlamentarischer Vorstösse ist unerschöpflich und oszilliert zwischen weise und absurd, und der Ideenreichtum der Verwaltung kennt ebenfalls kaum Grenzen. Die technologische Entwicklung und die internationale Vernetzung schaffen ständig neue Konstellationen, welche die Frage des Regulierungsbedarfs aufwerfen. Und fast täglich geschieht irgendwo etwas Kritikwürdiges, das jemanden auf die Idee bringt, hier bestehe noch eine Regulierungslücke. Das alles führt mit der Zeit zu dieser konzeptlosen Hüst-und hott-Regulierererei, die alle beklagen und bei der trotzdem, je nach Gusto, die Gleichen wieder begeistert mitmachen. Nachdem bei Parlamentarierratings in den Medien die Anzahl der eingereichten persönlichen Vorstösse mehr und mehr zum Qualitätsmerkmal hochstilisiert wird, entstehen weitere Anreize, in diesem Leerlauf aktiv mitzumachen. Immer wird auch übersehen, dass viele kleine Regulierungen für sich allein als ganz vernünftig und brauchbar erscheinen, dass aber im Zusammenwirken die Regulierungseffekte eine andere Qualität als die arithmetische Summe der Vorschriften erreichen. Zudem verdrängt Regulierung das Verantwortungsbewusstsein, und dieser kulturelle Schaden ist oft grösser als der Nutzen der Regulierung.[41]

Es ist schwierig, objektive und praktisch brauchbare Kriterien zu definieren, anhand derer die Notwendigkeit einer Regulierung schlüssig beurteilt werden kann. Unsere Haltung gegenüber Regulierung ist ohnehin häufig ambivalent. Einerseits ärgern wir uns über Vorschriften, die unser eigenes Handeln begrenzen und die wir als Schikane empfinden, andererseits rufen wir sofort nach Verboten, wenn uns missliebiges Verhalten anderer Personen stört. Die Haltung, Freiheit für mich und Verbote für meine Nächsten, ist also weitverbreitet. Weil Freiheit definitionsgemäss auch missbraucht werden kann, wird eine Gesellschaft immer mit einem Bodensatz an Missbräuchen leben müssen.

Weil Kriterien für die Notwendigkeit von staatlicher Regulierung schwierig zu definieren sind, will ich mich diesem Problem indirekt annähern, nämlich über die verschiedenen Triebkräfte, die sich hinter der Forderung nach Regulierung verbergen und die häufig unnötige Regulierung auslösen. Ich will acht Beispiele herausgreifen:

Eine erste, gerade bei uns mächtige Triebkraft ist der Neid. Er kann zwar auch Motivation sein, die eigenen Anstrengungen zu intensivieren, selber besser zu werden und es dem Beneideten gleichzutun. Meist aber wird Neid eher dazu anregen, den Beneideten von seinem Sockel zu stürzen. Es ist nicht zu übersehen, dass Neid eine der Triebkräfte der Abzockerdebatte war. Das alte Bonmot, die beiden ältesten Schweizer seien der Neid und der Quervergleich, kommt nicht von ungefähr.

Damit verwandt ist der Gleichheitswahn. Er ist die krankhafte Abart der mehrfach erwähnten, angeborenen und positiven Fairnesspräferenz der Menschen. Gleichheit vor dem Gesetz ist eine Grundvoraussetzung der Demokratie und einer gerechten Gesellschaftsordnung. Auch Chancengleichheit gehört zu den wichtigen Zielen der Politik. Aber die durch staatliche Machtmittel erzwungene Gleichheit von Ungleichem bringt Wettbewerb und damit Fortschritt und Wohlstand zum Erliegen.

Eine dritte Triebkraft ist der Paternalismus, der Drang also, die Bürger rund um die Uhr und in allen Lebenslagen zu betreuen. Er führt zu einem überdehnten und nicht mehr finanzierbaren Sozialstaat, und er widerspricht diametral dem Leitbild des mündigen und selbstverantwortlichen Menschen. George Buchanan spricht gar von einem zunehmenden Parentalismus, also einer Art Sehnsucht der Menschen nach Betreutwerden durch den Staat. Er führt dieses Phänomen darauf zurück, dass Kirche und Familie diese Funktion immer weniger zu erfüllen vermögen.

Eine vierte Triebkraft ist das gesellschaftspolitische Sendungsbewusstsein. Es ist der Drang, die eigenen gesellschaftspolitischen Vorstellungen den Bürgern per Gesetz aufzudrängen. So entstanden etwa im Mittelalter die Sittenmandate. Der Staat hat aber nicht die Aufgabe, den Menschen eine bestimmte Gesellschaftsform aufzuzwingen oder diese durch andere Mittel zu fördern. Er muss lediglich gesellschaftspolitische Entwicklungen zulassen, solange sie nicht mit den demokratischen und ethischen Grundwerten kollidieren, die das Fundament des Staates bilden.

Zurzeit ist das Misstrauen Märkten gegenüber die wohl folgenreichste, aber auch gefährlichste Triebkraft für Überregulierung. Es ist dies mein fünftes Beispiel. Dieses Misstrauen basiert auf der falschen Überzeugung, Märkte schwächten die Motivation für ethisches und verantwortliches Verhalten, führten zu ungerechten Ergebnissen und bedürften flächendeckend der Korrektur durch staatliche Regulierung. Dass solche Überregulierung Marktwirtschaft abwürgen kann, habe ich mehrfach erwähnt. Im Übrigen habe ich mich andernorts vertieft zum Verhältnis von Markt und Moral geäussert.[42]

Eine sechste Triebkraft ist der Verallgemeinerungswahn. Der empörende Einzelfall wird zum flächendeckenden Missstand hochgerechnet, wie ich dies am Beispiel der Kahneman'schen Verfügbarkeitskaskade gezeigt habe.

Zwei weitere Triebkräfte haben mit politischem Profilierungsdrang zu tun. Es ist für Politiker objektiv schwierig geworden, durch seriöse Knochenarbeit auch in der Öffentlichkeit Profil zu erarbeiten. Wer in Kommissionen um hohe Qualität der Gesetzgebung ringt, wird kaum Schlagzeilen erzeugen, die bei der Wiederwahl helfen. Deshalb entsteht die Versuchung, sich durch spektakuläre Vorstösse für die Lösung eines gerade populären Problems zu empfehlen und bei öffentlichen Äusserungen durch populistische Zuspitzung mediale Aufmerksamkeit zu erringen.

Mit dieser siebten ist die achte Triebkraft verwandt, der politische Aktivismus ganz allgemein. Etwas nicht zu tun, obwohl das bisweilen die beste Lösung wäre, erzeugt kein politisches Profil. Oft hat man auch den Eindruck, politische Gruppierungen suchten systematisch nach Problemen oder konstruierten gar solche, für deren Lösung sie sich dann empfehlen.

Die Analyse der Hintergründe einer Forderung nach Regulierung ist folglich ein gutes Mittel, um deren Notwendigkeit abzuschätzen. Natürlich gibt es bisweilen objektive Zwänge, die den Bundesrat veranlassen können, auch gegen die eigene Überzeugung Regulierungen vorzuschlagen. Das Parlament als Gesetzgeber hat das Recht, solches zu verlangen. Da muss sich der Bundesrat fügen. Er hat meines Erachtens trotzdem die Pflicht, während des Verfahrens mit seiner Meinung nicht hinter dem Berg zu halten. Es gibt auch internationale Zwänge, etwa im Bereich der Geldwäscherei oder der Unternehmensbesteuerung, denen ein Land – etwa zur Vermeidung eines Eintrags auf schwarzen Listen – nachzugeben hat, auch wenn sie wenig sinnvoll sind. Aber wo reine Empörungskampagnen zu unsinnigen oder zweitrangigen Regulierungsbegehren führen, muss Mut zum Widerstand aufgebracht werden. Montesquieu hat den berühmten Satz geprägt, der heute aktueller ist denn je: «Wenn es nicht notwendig ist, ein Gesetz zu machen, ist es notwendig, kein Gesetz zu machen!»

Meine klare Kritik an Überregulierung bedeutet keineswegs eine generelle Ablehnung von Regulierung. Kein erfolgreicher Staat ist ohne Regeln denkbar. Aber die geschilderte negative Wirkung von institutionellen Fehlanreizen macht es nötig, nicht nur neue Regulierungen, sondern von Zeit zu Zeit auch bestehende Regulierungen einem Qualitäts-Check zu unterziehen. Ich beschränke mich hier auf die wohlstandsökonomischen Aspekte, die nicht nur von ökonomischer Relevanz im engeren Sinne sind, sondern auch im harten Wettbewerb der Standorte entscheidende Bedeutung haben. Weil viele unserer Konkurrenten zum Teil sehr erfolgreich an der Standortqualität arbeiten, dürfen wir es nicht beim Status quo bewenden lassen. Im Moment ist dieser zwar noch durchaus befriedigend, aber es ist evident, dass unser Vorsprung schmilzt, nicht zuletzt durch nicht beeinflussbare Faktoren wie den starken Franken oder den Druck auf die Unternehmensbesteuerung.

Alles das würde es eigentlich erfordern, gerade jetzt die Gesamtheit der Standortfaktoren einem systematischen Qualitäts-Check zu unterziehen. In meinen neun Leitplanken habe ich versucht, wenige einfache Qualitätskriterien zu formulieren, die zu beachten sind. Im Grunde genügt es, daraus ein paar einfache Fragen abzuleiten und sie ehrlich zu beantworten. Hier nur eine kleine Auswahl:

Wird das Erfordernis, dass sich Leistung bei uns lohnen muss, durch die neue Regulierung verletzt? Behindert die neue Vorschrift die stete Erneuerung der Volkswirtschaft? Wird insbesondere die Flexibilität des Arbeitsmarktes beeinträchtigt? Wird das Gleichgewicht zwischen notwendigem sozialem Schutz und der Beeinträchtigung der Leistungsbereitschaft der Beitragszahler und der Empfänger der Sozialleistungen gestört? Verletzt das Bildungssystem die Anforderungen einer Hightech-Volkswirtschaft, und wird die Motivation der Menschen, sich aus- und weiterzubilden, geschwächt? Schwächen wir unsere Offenheit und Attraktivität für die besten Talente der Welt? Werden Marktmechanismen durch neue Bürokratien und Interventionen verfälscht oder gar ausser Kraft gesetzt? Werden Subsidiaritäts- und Äquivalenzprinzip verletzt? Zentralisiert die neue Regulierung munter weiter? Werden die Anreize der starken und schwachen Kantone geschwächt, sich aus eigener Kraft zu verbessern?

Wenn die Antwort auf nur eine dieser Fragen Ja lautet, muss im Interesse des langfristigen Gedeihens des Landes auf die geprüfte Regulierung verzichtet werden.

Take-away 18: Jede neue Regulierung ist erstens auf ihre Notwendigkeit zu überprüfen und im Zweifel zu unterlassen. Zweitens ist die Qualität durch Übereinstimmung mit den neun Leitplanken sicherzustellen.

Entscheidungsprozess im Parlament

Ausser bei parlamentarischen Initiativen (die meinen Kriterien nach meiner Erfahrung weniger genügen als bundesrätliche Botschaften) moderiert im Allgemeinen das zuständige Mitglied des Bundesrates in dessen Namen den Gesetzgebungsprozess. Obwohl der Bundesrat die Gesetzgebung mithilfe der Verwaltung nur vorbereitet und die letzte Verantwortung beim Parlament liegt, ist seine Rolle wichtig. Ein grosses Kollektiv wie ein Parlament kann weder führen noch konkret Verantwortung übernehmen. Wer erinnert sich noch nach zehn Jahren, welche Parlamentariergruppe einen fatalen Fehlentscheid verursacht hat? Verantwortung hingegen trägt der Bundesrat, und bundesrätliches Versagen bleibt im kollektiven Gedächtnis. Oft übernehmen aber auch einzelne Parlamentarierinnen oder Parlamentarier in Kommissionen oder im Plenum sichtbare Führungsverantwortung. Hier ist eine konstruktive Zusammenarbeit auf der Basis gegenseitigen Vertrauens vor allem zwischen der parlamentarischen Kommission und dem zuständigen Mitglied des Bundesrates wichtig. In diesem Zusammenspiel hat Letzteres zunächst darüber zu wachen, dass die Qualität der Gesetzgebung im parlamentarischen Verfahren erhalten bleibt oder gar verbessert wird. Das braucht erstens den klaren und unbeugsamen Willen, das Gesetzgebungsprojekt erfolgreich zu realisieren und die gesteckten Ziele zu erreichen. Es braucht zweitens gleichzeitig die Flexibilität, auf Bedenken des Parlaments einzugehen, bessere Ideen aufzunehmen und Kompromisse zu akzeptieren, um die parlamentarische Zustimmung zu erreichen. Aber es dürfen keine faulen Kompromisse sein, welche die Zielerreichung der Gesetzgebung gefährden.

Man weiss heute aus der Verhaltensökonomie, dass potenziell bessere Entscheide resultieren, wenn die Betroffenen am Entscheidungsprozess teilhaben. Solche Entscheide haben eine höhere Legitimität, werden besser akzeptiert (das Modewort dafür heisst «ownership») und die Durchsetzung ist einfacher. Jean-Robert Tyran und Lars Feld haben gezeigt, dass sich mehr Menschen an eine Regel halten, wenn darüber abgestimmt worden ist, als wenn die Regel einfach auferlegt wird.[43] Diese gruppendynamischen Mechanismen sprechen dafür, das Parlament konstruktiv und aktiv in die Ausarbeitung einzubeziehen – das ist ja auch seine ureigene Aufgabe –, dies aber wie erwähnt gepaart mit der Entschlossenheit, das gesetzte Ziel ohne zu starke Verwässerung zu erreichen. Man kann es auch anders formulieren: eiserner Wille zur Zielerreichung, gleichzeitig Flexibilität bei der Suche nach dem gangbarsten Weg!

Während des ganzen parlamentarischen Prozesses wird bei referendumsfähigen oder referendumspflichtigen Vorlagen auch die Frage der Mehrheitsfähigkeit im Volk stets präsent sein. Es gibt immer zwei mögliche Strategien, um im Parlament Mehrheiten zu suchen: die Konsensstrategie, bei der man mit geeigneten Kompromissen (und dem Risiko grosser Verwässerungen) eine breite Mehrheit zu erreichen versucht, oder eine Polarisierungsstrategie, bei der man der Durchsetzung von Lösungen mit schärferem Profil wegen auch knappe Mehrheiten in Kauf nimmt (das übliche Verfahren in parlamentarischen Systemen). Mit der Konsensstrategie möchte man meist präventiv eine Volksmehrheit durch Entgegenkommen an oppositionelle Kräfte sichern. Allerdings ist diese Strategie häufig nicht erfolgreich, weil verwässerte Lösungen niemanden so richtig begeistern und weil sogar Parteien, die im Parlament noch zugestimmt haben, vor der Volksabstimmung aus opportunistischen Gründen trotzdem noch abspringen können. Das alles sind Fragen, bei denen Wissenschaft nicht hilft. Hier vermischen sich Strategie, Taktik, Überzeugungsarbeit und Intuition in oft schwer durchschaubarer Weise.

Die Volksabstimmung

Zunächst ist festzuhalten, dass die Schweiz auch eine parlamentarische Demokratie ist. Weil aber das Volk auf Verfassungsebene ein Initiativrecht und bei der Gesetzgebung ein Vetorecht hat, kann man von einer halbdirekten Demokratie sprechen. Die über 100-jährige Erfahrung zeigt, dass dieses System beispiellos erfolgreich war. Trotz der geschilderten kognitiven Verzerrungen bei den Ansichten der Menschen sind die Volksentscheide mindestens so gut, wenn nicht besser, wie in reinen parlamentarischen Systemen, wo eine professionelle politische Elite entscheidet, die sich selber als weit kompetenter als das gewöhnliche Volk wahrnimmt. Einige Vorteile des Einbezugs des Volkes sind wissenschaftlich begründbar. Die höhere Legitimität und die bessere Akzeptanz von Entscheiden, an denen man mitgewirkt hat, habe ich erwähnt, auch die von Bruno S. Frey gewonnene Erkenntnis, dass Menschen in direkten Demokratien glücklicher als in parlamentarischen sind. Man kann auch ins Feld führen, dass die Übung der Menschen mit den vielen Abstimmungen zu einem höheren politischen Verständnis als anderswo führt. Das wird auch in Studien belegt. Man mag weiter an einen historisch gewachsenen Instinkt der Menschen für politische Fragen glauben. Aber wie bilden eigentlich viele einfache Menschen eine mehrheitlich meist zutreffende Meinung zu komplexen Gesetzen und Verfassungsbestimmungen? Gewinnt, wer am meisten Geld ausgeben kann, gemäss dem Standardargument der Verlierer? Hilft eine gerissene Kommunikationsstrategie? Überzeugen Leitpersönlichkeiten?

Eine überzeugende und umfassende wissenschaftliche Antwort darauf ist mir nicht bekannt. Es gibt die berühmte «Weisheit der vielen» («wisdom of the crowds»), die nachweislich darin besteht, dass bei Schätzaufgaben die durchschnittliche Schätzung vieler Menschen sehr genau ist, sofern die Schätzungen unabhängig voneinander sind und damit zufällig um den wahren Wert schwanken.[44] Dann gibt es das sogenannte Condorcet-Jury-Theorem, benannt nach Jean-Antoine-Nicolas de Caritat, Marquis de Condorcet, Paris 1785. Dieses Theorem besagt, dass in Situationen, bei denen es eine objektiv richtige Entscheidung gibt, Gruppen durch Abstimmung bessere Entscheide fällen als jedes einzelne Mitglied für sich, sofern es in der Gruppe keine Interessenkonflikte gibt. Wenn aber die Entscheidungsträger Vorurteile oder eigene Agenden haben, also voreingenommen oder «gebiased» sind, werden verzerrte und damit falsche Entscheide gefällt (die sogenannte «dark side of the vote»). Sausgruber und Tyran haben gezeigt, dass Wähler bei einer Abstimmung über eine schwierige Frage, von denen die meisten keine Ahnung und viele eine voreingenommene Meinung haben, mit und ohne vorherige Beratung mehrheitlich die falsche Lösung annehmen.[45] Gruppen indessen, in denen der Wortführer richtig liegt, wählen die richtige Lösung, während sie die schlechte wählen, wenn der Wortführer unrecht hat.

Diese experimentell nachweisbaren Erkenntnisse zeigen, dass die Bedingungen für automatisch richtige Entscheide der vielen in der komplexen Wirklichkeit wohl nie gegeben sind. Viele Gruppenmitglieder haben eigene Interessen und Agenden, Urteile sind aus mannigfachen Gründen nicht unabhängig voneinander, Wortführer aller Art plädieren für die falsche Lösung, und die Urteile vieler Menschen sind durch kognitive Verzerrungen beeinflusst. Eigentlich erschiene es als wahrscheinlicher, dass direktdemokratische Mehrheitsentscheide in der Regel dank derart vieler Verzerrungen falsch sind. Und doch ist es nicht so.

Es gibt dafür im Grunde nur zwei Erklärungen: Erstens scheint die Tatsache, dass sich in der Schweiz durch die lange Tradition von und die ständige Übung mit Volksabstimmungen ein Grundstock an

Erfahrung und Wissen angesammelt hat, die Urteilsfähigkeit der Bürger zu schärfen. Zweitens findet bis zur Abstimmung ein sehr lange dauernder öffentlicher Gärprozess statt, der sich mit dem Problem befasst, angefangen bei den ersten Lösungsentwürfen über die Vernehmlassungen bis zum parlamentarischen Verfahren in zwei Kammern und schliesslich zum kontroversen Abstimmungskampf. Immer begleiten die Medien, teilweise mit erstaunlicher fachlicher Kompetenz, diesen Gärprozess, zahllose öffentliche Diskussionen und Podien befassen sich mit der Materie, Persönlichkeiten aus Politik, Wirtschaft, Kultur und Wissenschaft mit mehr oder weniger Ausstrahlung äussern sich. Auch wer das alles nur am Rande mitverfolgt, wird immer wieder damit in Berührung kommen. In solchem Hin und Her von Argumenten, Emotionen, Kampagnen, Schlagwörtern, Kontroversen und Meinungsumfragen bleibt letztlich nichts verborgen. Alle Argumente kommen in irgendeiner Form auf den Tisch, und daraus schälen sich dann mit der Zeit die tragfähigeren und die wenig tragfähigen Argumente heraus, sodass sich eine kluge Mehrheitsmeinung herausformen kann.

Dieser Gärprozess ist das Entscheidende. Wo er zu kurz ist (etwa bei der berühmten Volksabstimmung der Griechen zum nicht einmal mehr gültigen Sanierungspaket im Sommer 2015) entstehen bestenfalls emotional verzerrte Momentaufnahmen der Stimmung im Volk, nie aber überlegte Meinungsäusserungen. Solches ist Unfug. Natürlich haben auch bei uns immer wieder Emotionen das nüchterne Abwägen der Bürger verzerrt. Bisweilen haben die Verantwortlichen die Sache zu leicht genommen und die Konsequenzen etwa von Initiativen vor der Abstimmung zu wenig ernsthaft analysiert, in der voreiligen Gewissheit, die Initiativen würden ohnehin abgelehnt. Jüngere Beispiele sind die Zweitwohnungs- oder die Masseneinwanderungsinitiative, deren Konsequenzen erst nach der Annahme mit der nötigen Ernsthaftigkeit analysiert worden sind. Nicht umsonst gab es früher das bekannte Sprichwort: Nach der Tat hält der Schweizer Rat! Aber im Allgemeinen dämpfen die langen Gärperioden auch die verzerrenden Emotionen.

Diese direktdemokratischen Gärprozesse sind wichtiger als die ständigen Versuche, die Stimmabgabe elektronisch zu erleichtern. Man diskutiert zurzeit bei der elektronischen Stimmabgabe nur die Frage der Sicherheit. Das wahre Problem ist aber der Anreiz zur spontanen und unreflektierten Stimmabgabe zwischen Tür und Angel. Gewiss, der Gang zur Urne im Sonntagsgewand als feierlicher demokratischer Akt ist Vergangenheit. Aber das Öffnen des Couverts, das Ordnen der vielen Papiere sowie schliesslich das Versenden per Post als letztes Relikt der ernsthaften Befassung mit dem Gemeinwesen darf nicht auch noch geopfert werden. Abstimmen ist kein Instant-Konsumgut wie eine Umfrage. Abstimmen ist ernsthafte demokratische Pflicht, und wem sie zu aufwendig ist, lässt es besser bleiben.

Take-away 19: Die Erfahrung in der langen Frist zeigt, dass unser Volk in Abstimmungen mehrheitlich kluge Entscheide gefällt hat. Trotzdem sind Volksabstimmungen für emotionale Verzerrungen anfällig. Der Erfolg der direkten Demokratie ist von der Ausgiebigkeit, Länge und Gründlichkeit der den Abstimmungen vorangehenden öffentlichen Diskussion abhängig. Volksabstimmungen «im Affekt» sind riskant.

Nun komme ich zum Kern meines Anliegens: Die Bürger müssen die einzelnen Abstimmungsvorlagen in den breiten Kontext des notwendigen staatlichen Handelns zum Wohle des Landes und seiner Einwohnerinnen und Einwohner einordnen können. Sie müssen in die Lage versetzt werden, den Stellenwert des zur Diskussion stehenden Entscheids im Gesamtkontext zu verstehen. Darauf muss die Kommunikation ausgerichtet sein. Einem sündhaft teuren Kampfflugzeug wird das Volk nicht zustimmen, wenn es dessen Notwendigkeit als unverzichtbarer Teil einer kohärenten Sicherheitspolitik nicht versteht. Deshalb hat der Bundesrat beispielsweise seinerzeit mit dem Sicherheitsbericht 90 die konzeptionellen Grundlagen für eine nachvollziehbare Sicherheitspolitik unmittelbar im Nachgang zum Fall der Mauer und zum Zusammenbruch der Sowjetunion formuliert.

Dieser Bericht war die gedankliche Basis zur Erhaltung einer angemessenen Verteidigungsfähigkeit unter den neuen veränderten geopolitischen Bedingungen und begründete die sogenannte ausgreifende Komponente der Sicherheitspolitik, nämlich die begrenzten Auslandeinsätze als solidarische Beiträge an ein sichereres Umfeld. Auf diese gedankliche Grundlage stützen wir die erfolgreichen Projekte Armee 95 und F/A-18 ab. Wir bauten die sicherheitspolitischen Kernelemente in alle öffentlichen Auftritte ein, um das Gesamtbild darzustellen. Auftritte begeisterter Piloten, die von den Qualitäten des technischen Wunderwerks des F/A-18 schwärmten und die hehren Gefühle beim Testen der hervorragenden Flugeigenschaften schilderten, erwiesen sich als kontraproduktiv. Man kauft keine Kampfflugzeuge für begeisterte Piloten, sondern für die Sicherheit des Landes. Die Blauhelmvorlage als drittes Element scheiterte allerdings. Es ist klar, dass konzeptionelles Denken allein nicht vor politischen Niederlagen schützen kann. Im Folgenden soll die Bedeutung konzeptionellen Denkens am Beispiel der Schuldenbremse und der NFA aufgezeigt werden.

6.
Staatsschulden und Schuldenbremse

Schulden von Haushalten – zum Beispiel Hypotheken für ein Eigenheim –, Schulden von Unternehmen oder Schulden von Staaten sind nicht per se schlecht. Im Gegenteil: Mit Schulden können Investitionen finanziert werden, die ökonomisch sinnvoll sind und deren Rendite die Rückzahlung finanziert. So kann auch der Staat Projekte finanzieren, die Produktivität und Wachstum steigern. Zudem sind Staatsanleihen nützliche Anlageinstrumente für die privaten Haushalte, sofern sie von soliden Staaten stammen. Ein Expertenbericht der Nationalen Akademie der Wissenschaften Leopoldina, der den Stand des Wissens über die Wirkung von Staatsschulden zusammenfasst, kommt denn auch zum Schluss, dass Staatsverschuldung nicht mit Privatverschuldung gleichgesetzt werden darf und dass sie in ausländischer Währung weit gefahrenträchtiger als in inländischer ist.[46] Eine Staatsschuldenquote von null kann deshalb nicht das Ziel sein. Das Hauptziel muss, wie der Leopoldina-Bericht festhält, die Sicherung der langfristigen Tragbarkeit der Schulden sein.

Die Experten der Leopoldina sehen angesichts der unterschiedlichen Lage jedes Staates und der sehr unterschiedlichen Verschuldungsursachen keinen bestimmten und allgemeingültigen Prozentsatz der Staatsschuldenquote, von dem an eine Volkswirtschaft in einen Abwärtsstrudel gerät. Aber es liegt auf der Hand, dass niemand auf Dauer mehr ausgeben als einnehmen kann, auch der Staat nicht. Ganz grundsätzlich macht die Anhäufung übermässiger Schulden, wie dies Carmen Reinhart und Kenneth Rogoff gezeigt haben, einen Staat für Vertrauenskrisen anfällig.[47] Empirische Studien – unter anderem des Internationalen Währungsfonds (IWF) – zeigen, dass ab einer Verschuldungsquote von etwa 90 Prozent des Bruttoinlandsprodukts das Wachstum einer Volkswirtschaft signifikant beeinträchtigt werden kann. Unternehmen befürchten Steuererhöhungen und abnehmende Standortqualität, was ihre Investitionslust dämpft. Die

Risikozuschläge der Staatsanleihen steigen (wenn sie nicht von der Notenbank künstlich gedrückt werden), und die Zinsausgaben schränken den Handlungsspielraum des Staates jetzt und durch die Schuldenlast künftiger Generationen ein. Wo ein finanziell zerrütteter Staat in einer Rezession gleichzeitig die Ausgaben massiv kürzen muss, kann eine Teufelsspirale nach unten entstehen. Wo er umgekehrt mit einem Konjunkturpaket Wachstum und Steuern stimulieren will, kann dies die Defizite derart erhöhen, dass die Anfälligkeit für eine Vertrauenskrise noch rascher steigt.

Take-away 20: Gegen die Kreditfinanzierung von staatlichen Investitionen, die langfristig Produktivität und Wachstum steigern, ist nichts einzuwenden. Zu hohe Staatsschulden indessen bremsen das Wachstum, engen den staatlichen Handlungsspielraum der heutigen und künftigen Generationen ein und machen den Staat für Vertrauenskrisen anfällig, die bis zum Kollaps führen können. Die Staatsverschuldung muss deshalb nachhaltig, das heisst langfristig tragbar sein.

Inhärente Ausgabentreiber im Staat

Nun gibt es unabhängig von der Haltung der Politiker in entwickelten Staaten sozusagen inhärente Ausgabentreiber. Das Wagner'sche Gesetz der Steigerung der Nachfrage nach öffentlichen Gütern mit dem Wohlstand und dem technologischen Fortschritt habe ich schon erwähnt. Zugleich steigen gemäss der sogenannten Baumol'schen Krankheit die relativen Kosten der öffentlichen Güter, weil deren Produktion – etwa im Gesundheitsbereich – schwerer rationalisierbar ist als die Produktion privatwirtschaftlicher Güter und weil gleichzeitig diese Bereiche auf den Arbeitsmärkten konkurrenzfähig sein müssen. Als ob das nicht schon genügte, kommt in vielen Industriestaaten noch das schwerwiegende Problem des demografischen Wandels dazu, auch in der Schweiz.

Die Verschuldungsneigung der Demokratie hat aber weitere Ursachen. Politiker wollen wiedergewählt werden. Deshalb denken viele von ihnen in Legislaturen und nicht in Generationen. Sie versuchen, Stimmen für ihre Wiederwahl faktisch zu kaufen, indem sie jenen, die sie unterstützen, Vorteile auf Kosten der Allgemeinheit verschaffen wollen. Weil es populärer ist, Leistungen zu versprechen als Steuererhöhungen, entsteht ein Anreiz zur Finanzierung dieser Leistungen mit Schulden. Natürlich sind längst nicht alle Politiker verantwortungslose Opportunisten, denen im Interesse der Wiederwahl jede Schandtat recht ist. Aber diese Anreize sind real wirksam, auch unbewusst, und sie werden mit der Professionalisierung der Parlamente stärker. Während der Milizpolitiker auch ohne Politik gut leben kann, hängt beim Berufspolitiker meist die ganze Existenz an der Wiederwahl. Das beeinflusst ihn. Private Schuldner haften bei Verlusten persönlich. Politiker, die Schulden beschliessen, haften indessen nie. Es sind die Steuerzahler von morgen, die zur Kasse gebeten werden, und dannzumal sind längst andere Politiker am Zuge. Zudem entscheiden in der Politik immer Kollektive in komplexen Prozessen, sodass die individuell für Fehlentscheide Verantwortlichen kaum je eruierbar sind. Deshalb besteht die so wichtige Eucken'sche Zusammengehörigkeit von Risiko und Haftung, die ich schon erwähnt habe, in der Politik nicht.

Privatpersonen und Unternehmen sind inhärenten Schuldenbremsen unterworfen. Der Kreditgeber des Privaten hat ein Interesse, die Bonität des Kreditnehmers sorgfältig zu überwachen. Der Private haftet für seine Schulden. Ein Unternehmen wird bei Überschuldung nach einem geregelten Verfahren aufgelöst, und die Aktionäre verlieren alles. Das alles wirkt präventiv: Aktionäre verkaufen rechtzeitig, wenn unsorgfältig gewirtschaftet wird, und Medien und Analysten verfolgen die Finanzlage des Unternehmens permanent kritisch. So ist denn Überschuldung im Privatsektor eher selten. Weil diese Mechanismen beim Staat fehlen, sind institutionelle Massnahmen zur Dämpfung der staatlichen Verschuldungsneigung nicht nur legitim, sondern zwingend. Auch die EU hat mit den Maastricht-Kriterien und der Nichtbeistandsklausel im Lissabon-Vertrag entsprechende Mechanismen eingeführt. Leider wurden und werden beide Verträge von ihren Schöpfern selber gebrochen und deshalb blieben diese Verträge Makulatur. Dass die EU dadurch einen fast irreparablen Vertrauensverlust erlitten hat, kann nicht übersehen werden. Das belegt, dass selbst institutionelle Massnahmen unwirksam bleiben können, wenn kein politischer Wille zur Durchsetzung besteht, was wiederum die Bedeutung kultureller Faktoren unterstreicht. Der Leopoldina-Bericht weist zu Recht darauf hin, dass sich rechtliche Schuldengrenzen gegen die Überzeugung und die Folgebereitschaft der politischen Entscheidungsträger kaum effektiv durchsetzen lassen.

Take-away 21: Weil Leistungen versprechen populärer als Steuern erhöhen ist, weil Politiker für die von ihnen verursachten Schulden nicht haften und weil Parteien im Allgemeinen in Wahlperioden und nicht in Generationen denken, hat die Demokratie eine innere Verschuldungsneigung. Deshalb sind rechtlich verbindliche Verschuldungsgrenzen zu empfehlen. Ihre konkrete Wirksamkeit hängt allerdings stark von der Folgebereitschaft der politischen Entscheidungsträger ab. Das wuchtige Ja des Volkes zur Schuldenbremse im Jahr 2001 hat ihr politische Autorität verliehen.

Das Haushaltsziel 2001

Die Schweizer Schuldenbremse ist eine sehr wichtige institutionelle Einzelmassnahme. Sie hat schon grosse Wirkung für sich allein. Sie ist indessen auch Teil einer viel breiter angelegten Strategie. Eine nachhaltige Finanzpolitik hat ja nicht den Zweck, dem Bürger die Rente oder den Filmschaffenden die Subvention zu kürzen. Sie hat – extrem vereinfacht gesagt – zum Ziel, durch Standortqualität Wohlstand zu ermöglichen, durch Verteilungsgerechtigkeit politische Stabilität zu fördern und durch Nachhaltigkeit die Chancen der künftigen Generationen zu wahren. Die Bürger werden schmerzhaften Einzelmassnahmen nur zustimmen, wenn sie diese Massnahmen als notwendige Schritte zur Erreichung dieser Ziele einordnen können.

Schon bald nach der Übernahme des Finanzdepartementes 1995 kam ich durch bittere Erfahrung zur Einsicht, dass die herkömmliche Methode des postenweisen Feilschens um grössere und kleinere Budgetpositionen im Bundesrat und im Parlament zur Bändigung der Schuldenexplosion nicht zielführend war und dass es eines strategischen Ansatzes bedurfte. Ich bat den Direktor der Finanzverwaltung, mit seinem Team Vorschläge für eine in der Verfassung festgeschriebene Ausgabenbegrenzung zu entwerfen, die mit einer klar definierten Sanktion verbunden sein müsse, was im Falle der Überschreitung dieser Begrenzung konkret und zwingend zu geschehen habe. Nach einiger Zeit unterbreitete er mir die Idee des sogenannten Haushaltsziels 2001. Es war dies eine Verfassungsvorschrift, welche die Beseitigung des strukturellen Defizits des Bundes bis zum Stichjahr 2001 erzwingen sollte, kombiniert mit einem Zwischenziel in Form eines maximalen Defizits von 4 Milliarden Franken für das Jahr 1999. Der Bundesrat stimmte der Idee trotz Bedenken einiger Kollegen zu. Gegen den Widerstand der Ratslinken – Sozialdemokraten, Grüne und Landesring hatten Nichteintretensanträge gestellt – wurde die Vorlage am 9. Dezember 1997 vom Parlament gutgeheissen.

Um dem Einwand zu begegnen, das Volk wisse bei der obligatorischen Abstimmung nicht, wo nachher was gespart würde und müsse die Katze im Sack kaufen, handelten wir in zähem Ringen mit den Kantonen, Wirtschaftsverbänden und Regierungsparteien am sogenannten Runden Tisch im April 1998 ein Stabilisierungspaket im Umfang von 2 Milliarden aus. Das war eine sehr schwierige Übung, die mehrmals beinahe gescheitert wäre. Das Volk stimmte im Wissen um die Sparvorschläge des Runden Tisches dem Haushaltsziel am 7. Juni 1998 mit 70,7 Prozent Ja zu. Dieses Signal war so stark, dass das Parlament der gesetzlichen Umsetzung der Ergebnisse des Runden Tisches mit nur wenigen Änderungen am 19. März 1999 zustimmte. Das aufwendige Verfahren bewährte sich, indem keine Interessengruppe oder Partei das Referendum ergriff. Dies war das erste wirklich substanzielle Sparprogramm der Eidgenossenschaft.

Weil der überwiegende Teil der Bundesausgaben gesetzlich gebunden ist, können bei Budgetberatungen nur verhältnismässig wenige, nicht gebundene Ausgabenkategorien wirklich beeinflusst werden, beispielsweise Investitionen, Entwicklungshilfe, Landwirtschaft oder Landesverteidigung. Wirklich ausgewogene Sparpakete führen deshalb zu langwierigen gesetzgeberischen Verfahren mit Referendumsmöglichkeit. Daraus resultiert bekanntlich die enorme finanzpolitische Trägheit des Supertankers Bund.

Das Finanzleitbild des Bundesrates 1999

Noch während der Arbeit am Runden Tisch und am Haushaltsziel kamen wir im Team zur Einsicht, dass die gesamte Finanzpolitik des Bundes einer integralen und kohärenten Strategie bedurfte. Diese Strategie sollte nicht nur die Ziele der Finanz- und Steuerpolitik beschreiben, sondern auch schon die einzelnen Instrumente und deren Zusammenwirken skizzieren. Wir wussten auch schon damals, dass das Haushaltsziel nur ein befristeter Zwischenschritt war und dass wir das Volk nochmals zu einer definitiven Lösung würden befragen müssen. Die Strategie wurde schliesslich in die Form eines Leitbildes gegossen. Es ist das Finanzleitbild des Bundesrates vom 4. Oktober 1999.[48] Es wurde in der ersten Hälfte des Jahres 2000 vom Ständerat in zustimmendem Sinne und vom Nationalrat ohne Prädikat zur Kenntnis genommen, jeweils von einigen Misstönen in den Debatten begleitet. Dass sich der Nationalrat nicht zu einer Zustimmung durchringen konnte, war denn auch Ausfluss grosser Skepsis gegenüber einer soliden regelgebundenen Fiskalpolitik. Immer wieder wurde das Argument bemüht, solche Regeln seien ein Verstoss gegen die parlamentarische Budgethoheit. Als ob das Volk in der Verfassung keine Leitplanken zur Ausübung dieser Budgethoheit verfügen dürfte!

Das Leitbild definierte die Ziele, Grundsätze und Instrumente der künftigen Finanzpolitik. Es liest sich noch heute wie ein gutes Lehrbuch, und für mich ist es noch immer der Ausgangspunkt der erfolgreichen Wende bei den Bundesfinanzen, auch wenn es keine bindenden Vorschriften umfasste. Es definierte vorab die Allokations-, Verteilungs- und Stabilisierungsziele der Finanzpolitik; verlangte aus Standortgründen Fiskal-, Steuer- und Staatsquoten bei den tiefsten innerhalb der OECD; forderte eine schwergewichtig ausgabenseitige Sanierung, weil einnahmenseitige Sanierungen meist scheitern (wie Alberto Alesina[49] in der Zwischenzeit empirisch nachgewiesen hat); schrieb die Beseitigung der strukturellen Defizite vor; sah eine periodische Überprüfung der Aufgaben des Bundes vor; definierte Subventions- und Besteuerungsgrundsätze; und formulierte schliesslich den Grundsatz der allmählichen Senkung der Verschuldungsquote durch den Rechnungsausgleich über einen Konjunkturzyklus hinweg. Einige Instrumente wurden schon angedacht, davon zwei ganz zentrale mit vergleichbarer Bedeutung, die Schuldenbremse und die NFA, das Kürzel für die grosse Föderalismusreform.

Die Schuldenbremse ist eine globale Vorgabe. Sie ist zwar restriktiv, aber doch flexibel genug, um sich ökonomischen Realitäten, beispielsweise der Konjunktur, anzupassen. Aber durch diese Vorgabe allein ist noch nichts gespart. Unsere alte wirkungslose Verfassungsvorschrift, aber auch alle gebrochenen Verträge in der EU, welche die Finanzdisziplin betreffen, sind Beispiele. Die eigentliche Knochenarbeit kommt nachher: die Disziplin bei der Budgetierung, die Zurückhaltung bei neuen Aufgaben und, wo nötig, die Sparpakete. Deshalb war es so wichtig, dass das Schweizer Volk der Schuldenbremse politische Autorität verlieh. Sie wurde im Parlament im Juni 2001 mit einigen politischen Nebengeräuschen verabschiedet und vom Stimmvolk am 2. Dezember 2001 mit 84,7 Prozent Ja angenommen. Das war ein Paukenschlag, der im Sinne der Leopoldina-Experten die Folgebereitschaft der politischen Entscheidungsträger erzwang und auch dem ahnungslosesten Hinterbänkler klarmachte, dass es wie früher nicht mehr weitergehen konnte. Damit war der Boden für weitere Sparprogramme bereitet. Nach zähem Ringen und Feilschen beschloss das Parlament in meiner letzten Session als Bundesrat, der Wintersession 2003, das bisher grösste aller Sparprogramme, das Entlastungsprogramm 2003 im Betrag von 3 Milliarden. Im Jahre darauf verabschiedete das Parlament das Entlastungsprogramm 2004 mit meinem Nachfolger im Betrag von etwa 2 Milliarden. Mit den rund 7 Milliarden aus dem Runden Tisch und den beiden Entlastungsprogrammen war das strukturelle Defizit gebändigt, und das folgende Wirtschaftswachstum führte zu den Überschüssen der letzten Jahre.

Take-away 22: Die Schuldenbremse ist ein wichtiges Element einer breit angelegten finanzpolitischen Strategie, die der Bundesrat in seinem Finanzleitbild vom 4. Oktober 1999 formuliert hat.

Gute Zeiten verführen zu Nachlässigkeit!

Der Paukenschlag des Abstimmungsresultates ist mittlerweile verklungen, und die alten Geister beginnen sich ob der komfortablen Situation der Bundesfinanzen wieder zu regen. Die Finanzdisziplin im Parlament lässt spürbar nach. Mit allerhand Fondskonstruktionen wird im Grunde die Schuldenbremse ausgebremst und werden gewisse Aufgaben der periodischen Prioritätsüberprüfung entzogen. Auch solche Umgehungskonstrukte haben die Leopoldina-Experten in anderen Ländern diagnostiziert. Die bisherige Unfähigkeit, unsere Sozialwerke im Hinblick auf die demografischen und wirtschaftlichen Herausforderungen zu sichern, ist Beleg dafür, dass die finanzpolitischen Fehlanreize auch unserer Demokratie auf diesem Gebiet noch immer voll wirken. Christoph Schaltegger hat zusammen mit Lars Feld wirksame Schuldenbremsen für die AHV vorgeschlagen, die offenbar, obwohl sie dringend nötig wären, noch immer auf erbitterten politischen Widerstand stossen.[50]

Take-away 23: Die bisherige Unfähigkeit der Schweiz, ihre Sozialwerke nachhaltig zu sichern, ist Beleg dafür, dass die Neigung auch der Schweizer Demokratie, Leistungen zuzusichern, die nicht finanziert sind, nicht besiegt ist.

7.
Die grosse Föderalismusreform NFA

Bei der Gründung des Bundesstaates entsprach der damals sehr ausgeprägte Föderalismus weitgehend den geschilderten Leitplanken. Das ist ja auch nicht überraschend, denn der Bund hatte anfänglich nur sehr wenige Kompetenzen. Nun verändert sich die Welt aber ständig, und es stellt sich stets die Frage, ob ein bestehender Föderalismus noch ein angemessenes Kleid für neue Umstände sei.

Die Erosion der föderalistischen Substanz

Während der letzten Jahrzehnte des 20. Jahrhunderts wurde der Schweizer Föderalismus mehr und mehr ausgehöhlt. Das hatte eine ganze Reihe von teils objektiven und teils rein politischen Gründen. Zentralisten in Bern rissen mehr und mehr Aufgaben an sich. Die Kantone verkauften dem Bund nur zu gerne Teile ihrer föderalistischen Autonomie für ein Butterbrot an Subventionen. Wegen der gesellschaftlichen und wirtschaftlichen Entwicklung entstanden neue staatliche Aufgaben, die tendenziell an die Zentrale delegiert wurden. Die zunehmende Mobilität, die verbesserte Verkehrsinfrastruktur und die neuen Informationstechnologien haben in der Schweiz wie anderswo die Räume gleichsam schrumpfen lassen. Von Genf nach St. Gallen ist es keine Weltreise mehr. Daraus entstand das Bedürfnis nach mehr Vereinheitlichungen. Die Komplexität der Probleme begann da und dort kleinere Kantone zu überfordern. Viele Wirtschaftsräume stimmen mit den Lebensräumen und den politischen Grenzen nicht mehr überein. Das erzeugte die sogenannte Spillover-Problematik, wonach Zentren Leistungen erbringen, die vom Umland ohne Bezahlung mitkonsumiert werden. Dies wiederum erzeugt Fehlanreize. Zudem entstanden durch die Urbanisierung Zentrallasten, welche die Zentren teilweise zu überfordern begannen.

Der nahe liegende Gedanke zur Verbesserung dieser Situation wäre wohl eine Gebietsreform, durch die Wirtschafts-, Lebens- und Politikräume besser zur Deckung gebracht werden könnten. Ein solcher Eingriff in gewachsene politische Strukturen ist zurzeit aber kaum vorstellbar. Die zunehmende Erosion der föderalistischen Substanz führte deshalb zur Inangriffnahme eines der grössten Reformprojekte in der Schweiz seit Jahrzehnten auf der Basis als realisierbar erachteter Vorstellungen. Es handelt sich um die Neugestaltung der Aufgabenteilung und des Finanzausgleichs (NFA). Im Zuge dieser erfolgreichen Reform wurden nicht weniger als 27 von rund 200 Artikeln unserer Bundesverfassung geändert. Die Unverletzlichkeit der Kantonsgrenzen machte allerdings Massnahmen zur Erleichterung kantonaler Kooperationen nötig, die ihrerseits wieder zu neuen Komplexitäten führten. Trotzdem darf man wohl von einem Quantensprung sprechen. Es war dies das grösste und komplexeste Projekt, das ich im Bundesrat betreuen durfte, und ohne konstruktive Unterstützung durch Kolleginnen und Kollegen im Bundesrat, durch kompetente Chefbeamte und durch engagierte Mitglieder kantonaler Regierungen wäre es nicht zu schaffen gewesen. Eine Unzahl von Spezialisten aus Bund und Kantonen waren beteiligt, die Wissenschaft wurde intensiv beigezogen (vor allem Prof. René L. Frey), und sowohl die Verantwortlichen der Bundesverwaltung als auch die Vertreter der Kantone leisteten eindrückliche Arbeit.

Auf der Basis einer Finanzausgleichsbilanz der Finanzverwaltung, die das alte System analysiert hatte und die vernichtend ausgefallen war, hatte sich schon mein Vorgänger im Finanzdepartement mit den kantonalen Finanzdirektoren auf eine grundlegende Reform geeinigt, die nach seinem Rücktritt in die entscheidende Phase kam. Normalerweise versandet der Elan in Projekten, die zu lange dauern, und am Schluss bleibt wenig übrig. Nicht so bei der NFA! Das Erfolgsgeheimnis war neben der eindrücklichen Motivation der Hauptbeteiligten die Tatsache, dass die NFA unter vollkommener und gleichberechtigter Partnerschaft von Bund und Kantonen erarbeitet wurde. Der Grundsatz war, dass kein Partner vom anderen übervorteilt werden durfte. Zudem wurden Städte und Gemeinden intensiv einbezogen. Wäre der Bund den Kantonen gegenüber als Dominator und nicht als Partner aufgetreten, wäre die Reform wohl gescheitert.

Dem Anspruch nach Berücksichtigung der föderalistischen Basisanforderungen, nach konzeptioneller Klarheit von Grossprojekten und nach Beherzigung ökonomischer Gesetzmässigkeiten wurde das Projekt in hohem Masse gerecht. Die Ziele waren mit der Stärkung der kantonalen Autonomie, der Verringerung der Unterschiede der Wirtschaftskraft der Kantone, der Steigerung der bundesstaatlichen Effizienz der Aufgabenerfüllung und der Erhaltung eines angemessenen kantonalen Steuerwettbewerbs klar definiert. Ebenso war klar, dass die ökonomischen Prinzipien der Subsidiarität, der fiskalischen Äquivalenz und der Tinbergen-Regel wegleitend zu sein hatten. Weil die Unverrückbarkeit der Kantonsgrenzen eine natürliche Restriktion war, waren nicht alle Prinzipien lupenrein umsetzbar, sodass auch neue Instrumente für das Management unvermeidlicher Verbundaufgaben von Bund und Kantonen und für die Zusammenarbeit von Kantonen entwickelt werden mussten. Immer aber blieb die Idee wegleitend, den Kantonen bei ihrer Aufgabenerfüllung möglichst viel Freiraum zu gewähren.

Das fiskalische Äquivalenzprinzip ist nur dort vollkommen umsetzbar, wo eine Ebene, sei es Kanton oder Bund, für eine Aufgabe allein verantwortlich ist. Deshalb mussten möglichst viele Aufgaben eindeutig der einen oder anderen Ebene zugeteilt werden. Von 31 Verbundaufgaben gingen sechs in die alleinige Verantwortung des Bundes über und 15 in die alleinige Verantwortung der Kantone. Gleichzeitig sollten alle Kantone die Mittel erhalten, um diese Aufgaben zu erfüllen. Bei den verbleibenden Verbundaufgaben strebte man die Optimierung durch eine klarere Rollenteilung zwischen Bund und Kantonen an. Der Bund sollte die strategischen Ziele setzen, und die Kantone sollten bei der operativen Umsetzung mehr Freiheiten bekommen. Dabei sollte die Finanzierung über Pauschal- und Globalsubventionen laufen, um wiederum Anreize zu effizienter Aufgabenerfüllung zu setzen. Gewiss, dies kann kein Ersatz für eine klare Aufgabenteilung sein. Aber es war der Versuch, die Effizienz politisch leider unvermeidlicher Verbundaufgaben ohne weitere Zentralisierung zu steigern.

Weiter sollte ein steuerbarer, transparenter und wirksamer Finanzausgleich eingeführt werden, der allen Kantonen eine angemessene Aufgabenerfüllung ermöglichte, aber den Wettbewerb auf fairer Basis nicht zu sehr beeinträchtigte. In Bereichen kantonaler Zuständigkeit strebte man an, die kantonale Zusammenarbeit zu erleichtern, um mehr Effizienz zu erreichen.

Um alle diese ehrgeizigen Ziele zu erreichen, wurden verschiedene Instrumente entwickelt. In neun kantonalen Aufgabenbereichen, deren Nutzen über Kantonsgrenzen hinaus wirkt, wurden die Kantone zur Zusammenarbeit und zur Lastenabgeltung verpflichtet. Dieses Instrument sollte die Spillover-Problematik entschärfen. Dies erwies sich in der Realität als recht dornenvolles Vorhaben. Weiter wurde, um die Finanzkraftunterschiede zwischen den Kantonen zu verkleinern, ein sogenannter Ressourcenausgleich eingeführt. Es wurde angestrebt, dass kein Kanton über ein Ressourcenpotenzial von unter 85 Prozent des schweizerischen Mittels verfügen sollte. Für den Ausgleich wurden zwei Transferströme vorgesehen: ein vertikaler vom Bund zu den Kantonen und ein horizontaler zwischen den Kantonen. Das Zuteilungskriterium ist das sogenannte Ressourcenpotenzial, eine so weit wie möglich objektive Masszahl für die wirtschaftliche Leistungskraft, die nicht politisch manipulierbar ist. Diese Mittel sollen den Kantonen zur freien Verfügung stehen. Nur so haben sie gemäss Äquivalenzprinzip ein Interesse, diese Mittel gemäss ihren politischen Prioritäten und damit effizient einzusetzen. Zwei sozusagen «unverschuldete» Lasten werden vom Bund vertikal gemildert: die Lasten der gebirgigen Topografie mit dem geografisch-topografischen Lastenausgleich und die Lasten der grossen Zentren mit dem soziodemografischen Lastenausgleich. Schliesslich wurde in bewährter helvetischer Kompromissmanier ein befristeter sogenannter Härteausgleich eingeführt, der ein rein politisches Schmiermittel darstellt, das die Härten beim Übergang vom alten zum neuen System abfedern sollte. Kein ressourcenschwacher Kanton sollte gemäss diesem Ausgleich weniger als vorher bekommen. Dieser Ausgleich ist zwar völlig systemfremd und ökonomisch nicht begründbar, aber in der helvetischen Realität sind solche «Sündenfälle» bisweilen nötig, um politische Ziele zu erreichen. Leider sind solche Sündenfälle kaum mehr auszumerzen, auch wenn sie längst obsolet sind.

Die ersten Erfahrungen

Gerne hätte ich damals die Aufgabenteilung zugunsten der Kantone weitergetrieben. Das erwies sich der vielen opponierenden Koalitionen wegen als unmöglich. Trotz gewisser Verwässerungen darf man das Projekt als gelungen bezeichnen. Dass es überhaupt in dieser Form realisiert werden konnte, ist deshalb erstaunlich, weil ihm von allen Seiten Kritik und Gegnerschaft erwuchs.

Die Schweiz hat nun einige Jahre Erfahrung mit dem neuen System. Der Bundesrat wertet diese Erfahrung periodisch mit Wirksamkeitsberichten aus. Auf der Basis dieser Berichte ist ein lebhafter politischer Disput über Vor- und Nachteile der bisherigen Ergebnisse entbrannt. Am lautesten äussern sich nicht unerwartet die Geberkantone, weil sie glauben, übermässig viele Mittel in den Finanzausgleich bezahlen zu müssen. Man kann aber insgesamt feststellen, dass sich das neue System grundsätzlich bewährt hat.

Man kann folgende positiven Feststellungen machen: Der so wichtige Steuerwettbewerb bleibt intakt und lebhaft, aber die Anreize zu einem allzu aggressiven Steuerwettbewerb wurden gedämpft. Ohne die NFA wären die Steuerbelastungsunterschiede grösser als heute. Gewisse Kantone wären möglicherweise gar nicht mehr überlebensfähig, während andere fast ohne Steuern auskommen könnten. Beides wäre politisch nicht akzeptabel. Die Geberkantone jammern zwar, aber weil die sogenannte Grenzabschöpfungsquote (also der Anteil, der von der Zunahme des Ressourcenpotenzials an den Finanzausgleich abgeführt werden muss) nur 20 Prozent beträgt, lohnt es sich für sie nach wie vor, ihre eigene Situation zu verbessern. Dass aber einige bei Steuersenkungen übertrieben haben, rächt sich jetzt. Diese Kantone haben sich schlicht verschätzt und nicht realisiert, dass sie durch zugezogene reiche Personen und Firmen ihr Ressourcenpotenzial zwar steigern konnten und deshalb zu Recht mehr Beiträge zahlen müssen, dass aber die Verluste durch die Steuersenkungen grösser sind als die Zusatzsteuern durch die Zuzüger plus die erhöhte Beitragspflicht. Kritisch muss man allerdings feststellen, dass die Anreize der schwachen Kantone, ihre Situation aus eigener Kraft zu verbessern, ungenügend sind. Die Grenzabschöpfungsquote dieser Kantone ist mit 80 Prozent zu hoch. Das bedeutet, dass sie von jedem Franken, den sie an Ressourcenpotenzial gewinnen, 80 Rappen wieder durch Kürzung der bisherigen Beihilfen verlieren. Es ist für sie bequemer, arm zu bleiben, als ihre wirtschaftliche Situation zu verbessern.

Wie weiter?

Viele europäische Fachleute betrachten die NFA als das wohl beste real existierende Föderalismusmodell, und dies trotz seiner Unvollkommenheiten. Nachdem es die wichtigen ökonomischen Prinzipien weitgehend umsetzt, gibt es keinen Grund zu grundsätzlichen Änderungen. Allerdings verändert sich die Welt weiter, und die Frage ist berechtigt, ob auch der reformierte Finanzausgleich der heutigen Zeit noch zureichend gewachsen ist. Es gibt nach wie vor schwierige Probleme, welche die Politik weiter beschäftigen werden. Ich will deren fünf erwähnen:

Erstens: Die Anreize zur Verbesserung der Situation bei den Empfängerkantonen sind – wie erwähnt – zu bescheiden. Eine Korrektur dieses Sachverhaltes ist strukturell allerdings schwierig, aber es würde sich lohnen, daran zu arbeiten. Zudem haben es die im Parlament dominierenden Vertreter der Empfängerkantone kürzlich fertiggebracht, dass mehr umverteilt wird, als zur Erreichung der gesetzlich definierten Grundausstattung dieser Kantone nötig wäre. Das überstrapaziert die interkantonale Solidarität, verletzt den Geist der NFA und bedarf der Korrektur.

Zweitens: Das, was ich als «Verschlammung» des Föderalismus bezeichne, setzt sich ungehemmt fort. Der Zentralisierungstrend scheint ungebrochen. Das ist für mich das dominierende staatspolitische Föderalismusproblem. Es zeigt sich leider, dass sich die Politik – und dies vor allem im Parlament in Bern! – nicht zureichend um die grundsätzlichen ökonomischen Prinzipen des Föderalismus kümmert. Der Bund reisst nach wie vor ständig Aufgaben an sich, und die Verflechtungen nehmen wieder markant zu. Die Kantone selber geben nicht ungern weitere Kompetenzen an Bern ab, denn in Bern zu lobbyieren ist für sie oft bequemer, als selber Verantwortung zu übernehmen. Zudem scheint die Toleranz in der Öffentlichkeit gegenüber innerstaatlichen Differenzen eher noch abzunehmen. Im Volk wird die Bedeutung der Kantone zunehmend unterschätzt, weil die Bundespolitik mehr Aufmerksamkeit geniesst und weil sich auch die Medien vor allem auf die Bundespolitik konzentrieren. Durch die zunehmende Mobilität entsteht auch ein psychologischer Harmonisierungsdruck in Bereichen, die man getrost den Kantonen überlassen könnte.

Drittens: Die interkantonale Zusammenarbeit leidet an einem Demokratie- und Transparenzdefizit. Natürlich ist die Zusammenarbeit der Kantone im Bereich ihrer eigenen Verantwortlichkeiten häufig sinnvoll. Sie schwächt aber die kantonalen Parlamente, weil beispielsweise Konkordate nicht detailliert von den Parlamenten beschlossen werden können. Sie werden von den Exekutiven ausgehandelt, und die Parlamente können nur noch zustimmen oder ablehnen. Die gleiche Entwicklung haben wir ja auch auf internationaler Ebene mit den internationalen Verträgen oder auch innerhalb der Europäischen Union. Eine Abschaffung dieser Konkordate würde aber in harmonisierungsbedürftigen Bereichen dazu führen, dass diese Aufgabenbereiche beim Bund zentralisiert werden müssten, was wiederum das Übergewicht des Bundes verstärkte. Wir befinden uns hier also in einem klassischen Dilemma. Ich bin aber immer noch der Meinung, dass in vielen Bereichen Unterschiede nach wie vor akzeptabel sind und dass durch den Wettbewerb der Systeme immer wieder gute Lösungen entstehen. Man darf nicht alles harmonisieren, weil die Systeme sonst verkrusten und sich nicht innovativ weiterentwickeln. Der gegenwärtige Widerstand gegen die Volksschulharmonisierung (die allerdings auf einem Volksentscheid beruht) zeigt, dass auch im Volk Widerstände gegen zu grosse Vereinheitlichungen entstehen können.

Viertens: Über Gebietsreformen wird man wahrscheinlich früher oder später diskutieren müssen. Sie wären ein geeignetes Mittel, um die politischen Räume (also die Kantone), die wirtschaftlichen Wirkungsräume und die Lebensräume der Bevölkerung wieder besser in Übereinstimmung zu bringen. Es ist aber interessant, dass ausser der Gründung des Kantons Jura seit 1848 in der Schweiz keine Gebietsreform mehr durchgesetzt werden konnte. Das Volksnein zur Wiedervereinigung beider Basel zeigt exemplarisch, dass das Volk offenbar an den alten Strukturen hängt. Viele befürchten auch, dass Gebietsreformen das föderalistische Gleichgewicht stören könnten, etwa durch eine Veränderung des Verhältnisses deutsch-welsch im Ständerat oder beim Ständemehr. Ich bin deshalb überzeugt, dass Gebietsreformen in der Schweiz auch künftig sehr schwer durchzusetzen sein werden, obwohl es vielversprechende Ansätze gäbe. Fachleute schätzen, dass sechs bis sieben Kantone (zum Beispiel Westschweiz, Nordwestschweiz, Zentralschweiz, Zürich, Ostschweiz und Tessin) die kulturelle, demografische und wirtschaftliche Realität besser abbilden würden. Dann würden sich viele Konkordate erübrigen, das Demokratiedefizit würde reduziert, die Spillover-Problematik würde entschärft, das Äquivalenzprinzip könnte wieder unverfälschter durchgesetzt werden, und alle Kantone hätten die kritische Grösse zur Erfüllung auch komplexerer Aufgaben. Im Moment sind das natürlich Luftschlösser. Aber auf dem Gebiet der Gemeinden hat sich in den letzten Jahren schon erstaunlich viel bewegt. Durch Eingemeindungen und Gemeindefusionen hat sich die Anzahl der Gemeinden in relativ kurzer Zeit von 3000 auf leicht über 2000 verringert. Es ist nicht auszuschliessen, dass von unten her eine Bewegung entstanden ist, die später auf die Kantone überschwappen könnte. Aber das ist Zukunftsmusik!

Fünftens: Zunehmend in der Kritik steht die Vetomacht der kleinen Landkantone wegen des Ständemehrs bei Verfassungsabstimmungen und wegen des Übergewichts im Ständerat. Beide Instrumente haben sich allerdings sehr bewährt, weil sie die kleineren Kantone vor der Übermacht der grossen zu schützen vermögen. Zudem verbessern zwei gleichberechtigte Kammern die Qualität der Gesetzgebung, weil sämtliche Gesetze einen zwar aufwendigen und langwierigen, aber doch der Reife der Resultate zuträglichen Prozess absolvieren müssen. Die verbesserte Qualität vermag in den meisten Fällen den Verlust an Tempo zu kompensieren. Weil die Ständeräte in fast allen Kantonen im Majorzsystem gewählt werden, brauchen sie die absolute Mehrheit der Stimmenden, um gewählt zu werden. Dies führt dazu, dass tendenziell ein anderer Typ Politiker in den Ständerat gewählt wird als in den Nationalrat mit seinem Proporzsystem. Dort haben auch extreme und polarisierende Politiker eine gute Chance, gewählt zu werden. Im Verlaufe unserer Geschichte hat sich diese Dualität als fruchtbar erwiesen. Allerdings ist festzustellen, dass sich der Ständerat in den letzten Jahren dem Nationalrat in Bezug auf den Politstil leider angeglichen hat. Der Ständerat vertritt auch nicht mehr ausdrücklich die Kantone. Beides hat zu einer Verschiebung der politischen Gewichte geführt, und dies nicht zum Vorteil des Gesamtsystems. Das hat auch zur Folge, dass die Kantone nach anderen Einflussmöglichkeiten beim Bund suchten. Die verschiedenen Fachdirektorenkonferenzen und vor allem die Konferenz der Kantone haben teilweise die Rolle des Ständerats übernommen. Dies wird symbolisiert durch das Haus der Kantone in Bern. Allerdings kann man dieses Symbol auch anders interpretieren, nämlich als das Eingeständnis der Sinnentleerung des Föderalismus und als Kompensation des Verlustes an Eigenverantwortung durch den Aufbau einer schlagkräftigen Lobby-Organisation in Bern zur Beeinflussung der Gesetzgebung des Zentralstaates. Alles das erhöht die Komplexität und Undurchsichtigkeit des Gesamtsystems.

Kritisiert wird oft auch die Vetomacht, welche die kleineren Kantone den urbanen Grosskantonen gegenüber durch das Ständemehr bei Verfassungsabstimmungen erhalten. Je nach politischer Gesinnung wird man dies eher begrüssen oder eher kritisieren. In der Geschichte des Bundesstaates sind aber Stände- und Volksmehr nur selten auseinandergeklafft. Gerade aber das jüngste Beispiel des Familienartikels, der vom Volk angenommen und von den Ständen verworfen wurde, hat die Kritik wieder aufleben lassen. Weil die kleineren ländlichen Kantone der Übertragung neuer Aufgaben auf den Bund eher skeptisch gegenüberstehen, funktioniert das Ständemehr auch im Sinne einer gewissen Regulierungs- und Zentralisierungsbremse. Gerade der Familienartikel hätte dem Bund wieder Kompetenzen zugesprochen, die Anlass zu neuer Regulierung und zu neuen Subventionen gegeben hätten. In diesem Sinne hat bei dieser Vorlage das Ständemehr das Öffnen einer Büchse der Pandora voller Subventionstatbestände und Eingriffsmöglichkeiten in Bereiche privater Verantwortung verhindert.

Leider wird in der Öffentlichkeit die effizienzsteigernde Wirkung des Föderalismus nach wie vor verkannt. Häufig wird er gar mit Ausdrücken wie Kantönligeist lächerlich gemacht. Dies ist aber völlig ungerechtfertigt, wenn man die Arbeit der Kantone unvoreingenommen und nüchtern bewertet. Es ist doch interessant, dass die Schweiz pro Kopf der Bevölkerung eher weniger Verwaltungsangestellte hat als vergleichbare europäische Länder, und dies trotz der enormen Komplexität unseres Föderalismus. Das zeigt, dass die Bürgernähe des Föderalismus viele seiner Nachteile zu kompensieren vermag. Eine weitere Entleerung der föderalistischen Substanz würde einen entscheidenden Erfolgsfaktor unseres Landes schwächen.

Die wieder fortschreitende Verschlammung seit dem Inkrafttreten der NFA hat den Föderalismus erneut geschwächt. Eine Revitalisierung durch eine erneute Aufgabenentflechtung wäre mehr als wünschenswert. Zudem könnte eine NFA 2 auch weitere kleinere Mängel der NFA ausmerzen. Schaltegger und Winistörfer haben dazu wertvolle Anregungen gegeben.[51] Aber ob unser politisches System ob der auf Kurzfristigkeit orientierten Aufgeregtheit, die zurzeit dominiert, die Kraft zu einer erneuten herkulischen Anstrengung findet, ist wohl eher zweifelhaft.

Take-away 24: Die grosse Föderalismusreform NFA, deren Verfassungsgrundlage das Volk 2004 deutlich zustimmte, entsprach in hohem Masse der sechsten, siebten und achten Leitplanke. Sie hat sich grundsätzlich bewährt, auch wenn es noch Verbesserungsmöglichkeiten gibt. Allerdings setzte nach dieser Zäsur der Zentralisierungstrend ungebremst wieder ein. Das Bewusstsein für die staatspolitische Bedeutung des Föderalismus ist in der konkreten Politik kaum mehr spürbar. Damit erodiert ein Pfeiler des Erfolgsmodells Schweiz weiter.

Der Föderalismus in der Welt

Ich habe schon darauf hingewiesen, dass die wachsende und schnellere Mobilität sowie die neuen Kommunikationstechnologien die Schweiz gewissermassen haben schrumpfen lassen. Der gleiche Effekt lässt die ganze Welt schrumpfen. Das ist einer der Aspekte der Globalisierung. Dies erhöht den Bedarf (oder den vermeintlichen Bedarf) an weltweit gültigen Regeln. Internationale Organisationen, multinationale Firmen, NGOs und nicht territoriale Akteure legen ihre Netze über das bestehende Geflecht von Nationalstaaten. Deshalb verlieren auch grosse Nationalstaaten an Souveränität. Die gleichzeitige Vermehrung der Anzahl souveräner Nationalstaaten hat den Bedarf nach Föderalisierung erhöht. Unabhängigkeitsbewegungen bilden sich auch in bestandenen Demokratien, beispielsweise in Katalonien oder Schottland. Auch die erfolgreiche Aufspaltung der

Tschechoslowakei ist ein interessantes Beispiel. Ein klug strukturierter Föderalismus kann solche Probleme entschärfen. Ich glaube auch, dass die EU gut daran täte, ihre Mechanismen auf der Basis der erwähnten Föderalismusprinzipien zu überarbeiten, anstatt stets weiter zu harmonisieren und zu zentralisieren. Es wäre jedenfalls widersinnig, wenn die Schweiz ein identitätsstiftendes und effizienzsteigerndes Instrument schwächen würde, das weltweit an Bedeutung gewinnt. Ich glaube auch, dass gerade das Labormodell Schweiz einiges zur internationalen Föderalismusdiskussion beitragen könnte.

8.
Was, wenn alles anders kommt?

In Politik und Wirtschaft, dies sozusagen als Quintessenz der bisherigen Überlegungen, ist langfristiges konzeptionelles Denken entscheidend wichtig. Es zwingt zu grundsätzlichen Überlegungen. Die ökonomischen Gesetze, ob wir sie mögen oder nicht, wirken langfristig und lassen sich nicht ohne schädliche Nebenwirkungen übertölpeln. Sozialwerke müssen über Generationen funktionieren. Heute verursachte Umweltschäden können die Lebensbedingungen kommender Generationen signifikant erschweren. Das alles führt zum Schluss, dass Politik langfristig orientiert und für die Bürgerinnen und Bürger nachvollziehbar sein muss. Weil der Weg zu den politischen Zielen aber steinig ist und sich die Umstände ständig verändern, muss Politik auch flexibel auf Veränderungen reagieren können, ohne die langfristigen Ziele aus den Augen zu verlieren.

So weit, so gut. Nun zeigt aber die Erfahrung, dass sich immer wieder Umstände ergeben können, die alles Geplante und Vorbereitete mit einem Schlag zunichte machen. Das hauchdünne Nein des Volkes zum EWR hat die bundesrätliche Europastrategie zerschlagen und zu einem jahrelangen zermürbenden Kampf um möglichst hindernisfreien Zugang zu unseren wichtigsten Absatzmärkten geführt, ein Kampf übrigens, dessen Ausgang damals mehr als offen war und der einige Male beinahe verloren worden wäre. Die Swissair wäre vor einem schicksalhaften und aus Sicht der Swissair zufälligen Ereignis von einem tüchtigen Krisenmanager durchaus zu retten gewesen. Durch Verkauf rentabler Tochterfirmen hätten die Mittel dazu problemlos beschafft werden können. Das schicksalhafte Ereignis war der terroristische Anschlag 2001 in New York, der unter dem Kürzel 9/11 in die Geschichte eingegangen ist. Er entwertete die Tochterfirmen der Swissair über Nacht in einem Ausmass, das den Konkurs der Swissair realistischerweise unausweichlich machte. Eine Verkettung unglücklicher Zufälle mit stümperhaftem Verhalten der Sicherheitskräfte ermöglichte das Gelingen des Mordanschlages in Sarajewo, der wiederum durch politische Fehlreaktionen zum Ersten Weltkrieg führte, eine Katastrophe, die aus Sicht moderner Historiker vermeidbar gewesen wäre.[52] Vielleicht hat der Mord am israelischen Ministerpräsidenten Rabin den Friedensprozess im Nahen Osten für mehr als eine Generation beschädigt. In vielen Ländern erzeugen auch immer wieder Regierungswechsel grundsätzliche Änderungen der Marschrichtung, manchmal zum Vorteil des Landes – Demokratie ermöglicht ja Erneuerung! –, manchmal aber auch zum Nachteil, wenn durch die Ungeduld des Wahlvolkes keimende Früchte einer erst langfristig wirkenden Politik zerstört werden. Ob das Zufallsmehr des Stimmvolkes zur Masseneinwanderungsinitiative eine der Ablehnung des EWR vergleichbare Zäsur für unsere Europapolitik bedeuten wird, ist noch offen. Es ist auch nicht auszuschliessen, dass die völlig unerwartet ausgebrochene panikartige Völkerwanderung von Flüchtlingen nach Europa weit gravierendere politische und wirtschaftliche Folgen haben wird, als wir uns bisher vorstellen konnten.

In Wirtschaft und Politik passiert also immer wieder das nicht Planbare und nicht Vorhersehbare, wie ich das im Abschnitt über den Zufall schon beschrieben habe. Bismarck, einer der einflussreichsten Politiker seiner Zeit, bemerkte in seinen letzten Lebensjahren einmal Folgendes:[53] «Es hiesse das Wesen der Politik zu verkennen, wollte man annehmen, ein Staatsmann könne einen weitaussehenden Plan entwerfen und sich als Gesetz vorschreiben, was er in einem, zwei oder drei Jahren durchführen wolle.» Der Staatsmann gleiche einem Wanderer im Walde, der die Richtung seines Marsches kenne, aber nicht den Punkt, an dem er aus dem Forste heraustreten werde. Ebenso wie er müsse der Staatsmann die gangbaren Wege einschlagen, wenn er sich nicht verirren solle.

Das deckt sich weitgehend mit meiner These des Beharrens auf dem Ziel und der Flexibilität im Weg dazu. Bismarck fuhr dann fort, der Politiker müsse in Kenntnis der Richtung, in die er gehen wolle, nach Gelegenheiten und Möglichkeiten Ausschau halten, er müsse Lagen und Situationen abschätzen und hieraus seine Schlussfolgerungen ziehen können. Selbst dann aber, wenn er Gelegenheit zum Handeln erkenne, sei er stets verpflichtet, Alternativen im Blick zu behalten, um auf Unvorhergesehenes reagieren oder sich Rückzugsmöglichkeiten offenhalten zu können. Kaum etwas sei verfehlter, als über Jahre hinweg einem festliegenden politischen Plan zu folgen.

Natürlich stammen diese Aussagen von einem Machtpolitiker, der sich immer wieder im Poker verschiedener Mächte um Einfluss und Macht auf neue Situationen einstellen musste, und da mögen Pläne auch immer wieder obsolet werden. Wenn es um Wohlstand und Demokratie geht, muss man aber auch an langfristigen Plänen festhalten. Allerdings ist das Denken in Alternativen, auf das Bismarck seine aussenpolitischen Erfolge zurückführte, ein wesentliches Element dessen, was ich oben als notwendige Flexibilität bezeichnet habe. Es geht also letztlich darum, eine langfristig ausgerichtete Politik anzustreben, aber auf das nicht Planbare und nicht Vorhersehbare zumindest mental vorbereitet zu sein. Das Bismarck'sche Denken in Alternativen ist dazu unabdingbar, aber auch das bewusste Zulassen und Ernstnehmen abweichender Meinungen, das Fördern von Querdenkern, der bewusste Versuch auch, das – wie man so schön zu sagen pflegt – «Undenkbare zu denken».

Take-away 25: Politik verlangt langfristiges konzeptionelles und ordnungspolitisch sauberes Denken, wenn ein Land nachhaltig erfolgreich sein soll. An den Zielen muss stets beharrlich festgehalten werden, aber die Suche nach dem besten und gangbaren Weg zu den Zielen verlangt politische Flexibilität.

Take-away 26: Unerwartete und unvorhersehbare Ereignisse können über Nacht eine völlig neue Situation schaffen: Politische Wege erweisen sich unvermittelt als nicht mehr gangbar, Prioritätenordnungen werden fundamental umgestellt, politische Machtverhältnisse verändern sich grundlegend, das wirtschaftliche Umfeld wandelt sich oder was immer sonst noch geschehen mag. Es ist nicht möglich, auf jede Eventualität eine vorbereitete Antwort zu haben. Wer sich aber immer bewusst ist, dass solches geschehen kann, wird sich rascher auf die neue Situation einstellen können. Deshalb ist Denken in Alternativen nützlich, auch wenn die Alternative nicht wie gedacht eintritt.

Besonders wichtig ist es – und gerade das haben einige europäische Staaten in guten Zeiten versäumt –, einen Staat oder ein Unternehmen so solide zu strukturieren, dass diese auch Schocks überleben können. Bei Banken ist das beispielsweise eine hinreichende Kapitalisierung, bei Staaten eine nachhaltige Finanzpolitik, die auch in der Krise Handlungsfähigkeit aufrechterhält. Alles das muss man aber in den guten Zeiten vorbereiten, und weil Menschen in guten Zeiten gerne träge und selbstgefällig werden, sind gute Zeiten so gefährlich.

Take-away 27: Zwei Aspekte sind in solch bewegtem Umfeld zu bedenken. Erstens sind gute Zeiten zu nutzen, um den Staat so zu strukturieren, dass man auch Schocks überleben kann. Das bedeutet in erster Linie, die guten Zeiten für die Konsolidierung der Finanzen zu nutzen. Zweitens dürfen auch während der Krisenbewältigung die langfristigen Prioritäten nicht aus den Augen verloren werden.

Zum Schluss will ich noch auf etwas hinweisen, dessen sich Politiker stets bewusst sein müssen. Auch wenn man klare Ziele setzt und diese sogar erreicht – wie etwa die Schuldenbremse in der Schweiz –, so erweisen sich solche Ziele immer nur als Zwischenziele. Politik ist nie vollendet. Politik schreitet ständig fort. Die Verantwortungsträger beeinflussen dieses Fortschreiten während einer gewissen Zeit, dann treten sie ab, neue übernehmen unter veränderten Umständen Verantwortung, bis auch diese wieder abtreten. Jeder Politiker wird sich die Frage stellen, was bleibt. Wir waren vor Jahren beispielsweise der Meinung, das nach zähen Verhandlungen errungene Zinsbesteuerungsabkommen der Schweiz mit der EU sei ein bedeutender Erfolg. Das war es auch, aber nur für eine befristete Zeit. Die Finanzkrise führte rascher als erwartet zu einem grundlegenden Paradigmenwechsel, der in der Bankgeheimnisfrage alles ins Rutschen brachte.

Ich gehe davon aus, dass die Schuldenbremse bleibt. Aber ob sie weiterhin hinreichende Wirksamkeit entfalten wird, wird wiederum von der Haltung und der Disziplin der künftig in der Politik Verantwortlichen abhängen. Auch hier: Nichts ist für die Ewigkeit gesichert. Wer sich aber damit abfindet, dass er in der Politik zwar nicht die ganze Welt bewegen und nicht für die Ewigkeit Werte schaffen kann, aber doch Mosaiksteine für eine besseres Leben während einer begrenzten Zeit zu setzen vermag, der wird die Mitarbeit in der Politik und vor allem in unserem helvetischen politischen Biotop als immer wieder faszinierend empfinden.

Anmerkungen

1 United Nations (UN): *Millennium Development Goals Report 2014,* UN: New York 2014.

2 Pinker, Steven: *Gewalt: Eine neue Geschichte der Menschheit,* Fischer Verlag: Frankfurt am Main 2011.

3 Acemoglu, Daron; Naidu, Suresh; Restrepo, Pascual; Robinson, James A.: *Democracy Does Cause Growth,* Working Paper Nr. 20004, National Bureau of Economic Research: Cambridge (MA) 2014.

4 Tanner, Jakob: *Von der Volkssouveränität zur Postdemokratie? Zur transnationalen Geschichte von Nationalstaaten,* Abschiedsvorlesung an der Universität Zürich: Zürich 2015.

5 Smith, Adam: *Wohlstand der Nationen,* Anaconda-Verlag: Köln 2013.

6 Smith, Adam: *Theorie der ethischen Gefühle,* Meiner-Verlag: Hamburg 2010.

7 Ernst Fehr in seiner Dankesadresse anlässlich der Auszeichnung mit dem Gottfried Duttweiler Preis 2013 in Rüschlikon (Schweiz), mimeo.
Gintis, Herbert; Bowles, Samuel; Boyd, Robert; Fehr, Ernst (Hg.): *Moral Sentiments and Material Interests,* MIT Press: Cambridge (MA) 2005.

8 Kahneman, Daniel: *Schnelles Denken, langsames Denken*, Siedler Verlag: München 2012.

9 Zum Beispiel Shefrin, Hersh: «How Psychological Pitfalls Generated the Global Financial Crisis», in: *Insights into the Global Financial Crisis,* Research Foundation of CFA Institute: Charlottesville (VA) 2009.

10 Kahneman, Daniel: *Schnelles Denken, langsames Denken,* Siedler Verlag: München 2012.

11 Kahneman, Daniel: *Schnelles Denken, langsames Denken,* Siedler Verlag: München 2012.

12 Zum Beispiel Shefrin, Hersh: «How Psychological Pitfalls Generated the Global Financial Crisis», in: *Insights into the Global Financial Crisis,* Research Foundation of CFA Institute: Charlottesville (VA) 2009.

13 Acemoglu, Daron; Robinson, James A.: *Why Nations Fail. The Origins of Power, Prosperity and Poverty*, Crown Business: New York 2012.

14 North, Douglass C.; Wallis, John Joseph; Weingast, Barry R.: *Gewalt und Gesellschaftsordnungen. Eine Neudeutung der Staats- und Wirtschaftsgeschichte*, Mohr Siebeck: Tübingen 2011.

15 Von Weizsäcker, Carl Christian, in: Kielmansegg, Peter Graf: *Die Grammatik der Freiheit,* Nomos Verlagsgesellschaft: Baden-Baden 2013.

16 Acemoglu, Daron; Robinson, James A.: *Why Nations Fail. The Origins of Power, Prosperity and Poverty,* Crown Business: New York 2012.

17 Schumpeter, Joseph: *Theorie der wirtschaftlichen Entwicklung. Eine Untersuchung über Unternehmergewinn, Kapital, Kredit, Zins und den Konjunkturzyklus,* Nachdruck der 1. Auflage, Duncker und Humblot: Berlin 2006.

18 Bergier, Jean-François: *Wilhelm Tell: Realität und Mythos*, Römerhof Verlag: Zürich 2012.

19 Schmid, Karl: «Versuch über die schweizerische Nationalität», in: Schmid, Karl: *Gesammelte Werke*, Band II, 1951–1957, herausgegeben von Thomas Sprecher und Judith Niederberger, Verlag Neue Zürcher Zeitung: Zürich 1998.

20 Höffe, Otfried: *Wirtschaftsbürger, Staatsbürger, Weltbürger. Politische Ethik im Zeitalter der Globalisierung*, C. H. Beck: München 2004.

21 Ernst Fehr in seiner Dankesadresse anlässlich der Auszeichnung mit dem Gottfried Duttweiler Preis 2013 in Rüschlikon (Schweiz), mimeo.

22 Verein Berliner Kaufleute und Industrieller: *Leitsätze ehrbarer Kaufleute*, Verein Berliner Kaufleute und Industrieller: Berlin 2013, http://www.vbki.de/leitsaetze.

23 Phelps, Edmund: *Mass Flourishing*, Princeton University Press: Princeton (NJ) 2013.

24 Mokyr, Joel: «Intellectuals and the rise of the modern economy», in: *Science*, Vol. 349, AAAS: Washington DC 2015.

25 Alesina, Alberto; Algan, Yann; Cahuc, Pierre; Giuliano, Paola: «Family Values and the Regulation of Labor», in: *Journal of the European Economic Association*, August 2015.

26 Wolf Singer in einem Interview in der Zeitung *Finanz und Wirtschaft* vom 18. Juni 2014.

27 Voth, Joachim: *Fear, Folly, and Financial Crisis*, Public Paper Nr. 2, UBS Center for Economics in Society 2014.

28 Villiger, Kaspar: *Pendler zwischen Wirtschaft und Politik: Essays und Reden*, Stämpfli: Bern 2014.

29 Schaltegger, Christoph A.; Winistörfer, Marc M.: «Zur Begrenzung der schleichenden Zentralisierung im Schweizerischen Bundesstaat», in: *ORDO Jahrbuch für die Ordnung von Wirtschaft und Gesellschaft*, Band 65, Lucius & Lucius: Stuttgart 2014.

30 Schaltegger, Christoph A.; Winistörfer, Marc M.: «Zur Begrenzung der schleichenden Zentralisierung im Schweizerischen Bundesstaat», in: *ORDO Jahrbuch für die Ordnung von Wirtschaft und Gesellschaft*, Band 65, Lucius & Lucius: Stuttgart 2014.

31 Neidhart, Leonhard: *Die politische Schweiz. Fundamente und Institutionen*, Verlag Neue Zürcher Zeitung: Zürich 2002.

32 Schaltegger, Christoph A.; Winistörfer, Marc M.: «Zur Begrenzung der schleichenden Zentralisierung im Schweizerischen Bundesstaat», in: *ORDO Jahrbuch für die Ordnung von Wirtschaft und Gesellschaft*, Band 65, Lucius & Lucius: Stuttgart 2014.

33 Eucken, Walter: *Grundsätze der Wirtschaftspolitik*, Rohwolt: Reinbek 1965.

34 Schaltegger, Christoph A.; Winistörfer, Marc M.: «Insolvenzordnung für Staaten: Lehren aus der Schweiz?», in: *Die Volkswirtschaft. Das Magazin für Wirtschaftspolitik*, Nr. 7/8: Bern 2013.

35 Sondergutachten des Sachverständigenrats der Bundesregierung zur Begutachtung der gesamtwirtschaftlichen Entwicklung vom 28. Juli 2015 über *Konsequenzen aus der Griechenland-Krise für einen stabilen Euroraum.* Wiesbaden 2015.

36 Villiger, Kaspar: «Demokratie im Gegenwind oder: Warum Demokratie trotz allem Zukunft hat», in: *Zukunft und Werte der Demokratie*, herausgegeben von Martin Meyer, Verlag Neue Zürcher Zeitung: Zürich 2015.

37 North, Douglass C.; Wallis, John Joseph; Weingast, Barry R.: *Gewalt und Gesellschaftsordnungen. Eine Neudeutung der Staats- und Wirtschaftsgeschichte,* Mohr Siebeck: Tübingen 2011.

38 Höffe, Otfried: *Ist die Demokratie zukunftsfähig?,* C. H. Beck: München 2007.

39 Acemoglu, Daron; Naidu, Suresh; Restrepo, Pascual; Robinson, James A.: *Democracy Does Cause Growth,* Working Paper Nr. 20004, National Bureau of Economic Research: Cambridge (MA) 2014.

40 Villiger, Kaspar: *Eine Willensnation muss wollen. Die politische Kultur der Schweiz: Zukunfts- oder Auslaufmodell?* Verlag Neue Zürcher Zeitung: Zürich 2009.

41 Villiger, Kaspar: *Pendler zwischen Wirtschaft und Politik: Essays und Reden,* Stämpfli: Bern 2014.

42 Villiger, Kaspar: *Pendler zwischen Wirtschaft und Politik: Essays und Reden,* Stämpfli: Bern 2014.

43 Tyran, Jean-Robert; Feld, Lars P.: «Achieving Compliance when Legal Sanctions are Non-deterrent», in: *Scandinavian Journal of Economics,* Vol. 108, März 2006.

44 Surowiecki, James: *The Wisdom of the Crowds,* Abacus: London 2004, Nachdruck 2005.

45 Sausgruber, Rupert; Tyran, Jean-Robert: «Are we taxing ourselves? How deliberation and experience shape voting on taxes», in: *Journal of Public Economics,* Vol. 95, Februar 2011.

46 Holtfrerich,Carl-Ludwig; Feld, Lars P.; Heun, Werner; Illing,Gerhard; Kirchgässner, Gebhard; Kocka, Jürgen; Schularick, Moritz; Streeck, Wolfgang; Wagschal, Uwe; Walter, Stefanie; von Weizsäcker, Carl Christian: *Staatsschulden: Ursachen, Wirkungen und Grenzen,* Nationale Akademie der Wissenschaften Leopoldina: Berlin 2015.

47 Reinhart, Carmen M.; Rogoff, Kenneth S.: *This Time Is Different: Eight Centuries of Financial Follies,* Princeton University Press: Princeton (NJ) 2009.

48 Eidgenössische Finanzverwaltung: *Finanzleitbild: Ziele, Grundsätze und Instrumente für die Finanzpolitik des Bundesrates,* Eidgenössische Finanzverwaltung: Bern 1999.

49 Alesina, Alberto; Favero, Carlo; Giavazzi, Francesco: «The Output Effect of Fiscal Consolidation Plans», in: *Journal of International Economics,* Elsevier 2014.

50 Feld, Lars P.; Schaltegger, Christoph A.: *Soziale Sicherheit sichern. Plädoyer für eine Schuldenbremse,* Verlag Neue Zürcher Zeitung: Zürich 2012.

51 Schaltegger, Christoph A.; Winistörfer, Marc M.: «Zur Begrenzung der schleichenden Zentralisierung im Schweizerischen Bundesstaat», in: *ORDO Jahrbuch für die Ordnung von Wirtschaft und Gesellschaft,* Band 65, Lucius & Lucius: Stuttgart 2014.

52 Münkler, Herfried: *Der grosse Krieg. Die Welt 1914 bis 1918,* Rowohlt: Berlin 2013.

53 Kraus, Hans-Christof: «Realpolitiker mit Sinn für Staatskunst», in: *Neue Zürcher Zeitung,* Zürich, 31. März 2015.

Take-aways

Take-away 1: Die meisten Menschen handeln zwar durchaus egoistisch und sind oft rationale Nutzenmaximierer. Aber sie haben auch angeborene Fairnesspräferenzen. Diese Fairnesspräferenzen haben grossen Einfluss auf unsere Gesellschaft und müssen in der Wirtschaftspolitik in Rechnung gestellt werden. Eine als unfair wahrgenommene Gesellschaftsordnung ist nicht stabil.

Take-away 2: Menschen handeln nicht immer rational. Phänomene wie Selbstüberschätzung, Verlustaversion, Abstellen auf irrelevante Informationen, Vernachlässigung relevanter Informationen und statistischer Wahrscheinlichkeiten, Verfälschungen durch Sympathie oder Antipathie sowie andere kognitive Verzerrungen beeinflussen das Verhalten von Menschen stark. Das muss bei der Führung in Politik und Wirtschaft stets in Rechnung gestellt werden. Es empfiehlt sich, auch bei sich selber kritisch auf solche Verzerrungen zu achten.

Take-away 3: Menschen reagieren auf Anreize. Deshalb können sich die gleichen Menschen unterschiedlich verhalten, wenn sie unterschiedlichen Anreizsystemen unterworfen sind. Politische und ökonomische Institutionen vermitteln wichtige Anreize. Die ökonomischen Institutionen schaffen jene Anreize, die Menschen veranlassen, Wohlstand zu erarbeiten oder diese Arbeit zu unterlassen.

Take-away 4: Politische Institutionen verfügen über die Macht und Fähigkeit, die ökonomischen Institutionen zu gestalten und zu implementieren. Sie entscheiden damit im Grunde über Wohlstand oder Armut eines Staates.

Take-away 5: Weil sich die Welt ständig verändert, müssen sich auch Staat und Wirtschaft permanent anpassen. Stete Erneuerung ist deshalb eine Voraussetzung für nachhaltigen Wohlstand. Erneuerung heisst aber Abbau von Obsoletem. Weil das Besitzstände gefährdet und Verlierer schafft, muss ein soziales Auffangnetz den Strukturwandel abfedern. Sonst kann politischer Widerstand den Wandel blockieren.

Take-away 6: Wettbewerb ist ein grundlegend wichtiges Prinzip in der menschlichen Gesellschaft, das bessere Leistungen erzwingt und Fortschritt stimuliert. Wettbewerb ist die treibende Kraft der Marktwirtschaft und bändigt zugleich die Macht der Unternehmen. Demokratie braucht den Wettbewerb der Parteien um die Teilhabe an der Macht zur steten Erneuerung. Steuerwettbewerb schützt die Bürger vor überbordendem Fiskalismus, Standortwettbewerb die Wirtschaft vor unsinniger Reguliererei. Die Fairnesspräferenz der Menschen gebietet umgekehrt, jene angemessen zu schützen, die unverschuldet dem Wettbewerb nicht gewachsen sind.

Take-away 7: Die obwaltende Kultur vermittelt ebenfalls wichtige Anreize, die das Verhalten der Menschen, aber auch die Ausgestaltung der Institutionen beeinflussen. Marktwirtschaft ist ohne eine Vertrauen schaffende wertorientierte Kultur ebenso wenig nachhaltig erfolgreich wie eine Demokratie. Eine gute Kultur reduziert auch Transaktionskosten, weil nicht geregelt werden muss, was die Menschen von sich aus richtig machen.

Take-away 8: Auch Kultur verändert sich. Sie kann mit desaströsen Folgen zerfallen. Deshalb bedarf eine wertbasierte Kultur sowohl in der Demokratie als auch in der Wirtschaft der ständigen «Systempflege» Dabei sind die Eliten besonders gefordert. Ihr Vorbild ist wichtig.

Take-away 9: Der Zufall ist ein viel wichtigerer Einflussfaktor auf das Geschehen in Politik und Wirtschaft, als wir denken. Wir müssen uns vor falschen Kausalitätsketten hüten, die uns unser Hirn mit seiner Kausalitätsmechanik vorgaukeln kann.

Take-away 10: In Politik und Wirtschaft wird immer wieder auch das Unerwartete und nicht Vorhersehbare geschehen. Es ist wichtig, dafür gewappnet zu sein.

Take-away 11: Der gute Kompromiss ist die Kunst, eine gute politische Vorlage durch kluge Zugeständnisse mehrheitsfähig zu machen, ohne deren Problemlösungspotenzial zur Wirkungslosigkeit zu verwässern.

Take-away 12: Politik muss sich an ethischen und ordnungspolitischen Prinzipien orientieren. Sonst geht sie in die Irre.

Take-away 13: Der Föderalismus als Ordnungsprinzip für einen dezentralen Staatsaufbau hat vier zentrale Funktionen: Er bändigt die Staatsmacht durch deren Aufteilung auf drei Ebenen, er erzeugt einen kreativen Wettbewerb zwischen den Gliedstaaten, er schafft durch Bürgernähe bedarfsgerechtere und besser kontrollierte Staatsleistungen, und er gestattet den Gliedstaaten durch die Gestaltung ihres näheren politischen Umfeldes gemäss ihren Präferenzen die Erhaltung ihrer Identität.

Take-away 14: Föderalistische Staaten haben eine inhärente Tendenz zur Zentralisierung. Es ist unklar, wie dieser Tendenz am wirksamsten begegnet werden kann.

Take-away 15: Die Demokratie ist die einzige Regierungsform, die der Würde des Menschen gerecht wird. Langfristig scheint sie auch mehr Wachstum als autoritäre Regierungssysteme zu erwirtschaften. Aber als Institution weist sie inhärente Fehlanreize auf, die ihren wirtschaftlichen Erfolg beeinträchtigen können. Institutionelle Selbstbindungen der Politiker und die Delegation geeigneter staatlicher Aufgaben an unpolitische Expertengremien können solche Fehlanreize entschärfen.

Take-away 16: Die wirtschaftlich erfolgreiche Demokratie braucht als Basis mündige und selbstverantwortliche Menschen mit einer unantastbaren Würde. Politik muss sich an diesem Menschenbild orientieren.

Take-away 17: Wichtige Politikbereiche bedürfen einer breiten konzeptionellen Grundlage. Ihre Erarbeitung zwingt zu ganzheitlichem Denken, und den Bürgern erlaubt sie die Einordnung und Bewertung der einzelnen gesetzgeberischen Schritte.

Take-away 18: Jede neue Regulierung ist erstens auf ihre Notwendigkeit zu überprüfen und im Zweifel zu unterlassen. Zweitens ist die Qualität durch Übereinstimmung mit den neun Leitplanken sicherzustellen.

Take-away 19: Die Erfahrung in der langen Frist zeigt, dass unser Volk in Abstimmungen mehrheitlich kluge Entscheide gefällt hat. Trotzdem sind Volksabstimmungen für emotionale Verzerrungen anfällig. Der Erfolg der direkten Demokratie ist von der Ausgiebigkeit, Länge und Gründlichkeit der den Abstimmungen vorangehenden öffentlichen Diskussion abhängig. Volksabstimmungen «im Affekt» sind riskant.

Take-away 20: Gegen die Kreditfinanzierung von staatlichen Investitionen, die langfristig Produktivität und Wachstum steigern, ist nichts einzuwenden. Zu hohe Staatsschulden indessen bremsen das Wachstum, engen den staatlichen Handlungsspielraum der heutigen und künftigen Generationen ein und machen den Staat für Vertrauenskrisen anfällig, die bis zum Kollaps führen können. Die Staatsverschuldung muss deshalb nachhaltig, das heisst langfristig tragbar sein.

Take-away 21: Weil Leistungen versprechen populärer als Steuern erhöhen ist, weil Politiker für die von ihnen verursachten Schulden nicht haften und weil Parteien im Allgemeinen in Wahlperioden und nicht in Generationen denken, hat die Demokratie eine innere Verschuldungsneigung. Deshalb sind rechtlich verbindliche Verschuldungsgrenzen zu empfehlen. Ihre Wirksamkeit hängt allerdings von der Folgebereitschaft der politischen Entscheidungsträger ab. Das wuchtige Ja des Volkes zur Schuldenbremse im Jahr 2001 hat dieser politische Autorität verliehen.

Take-away 22: Die Schuldenbremse ist ein wichtiges Element einer breit angelegten finanzpolitischen Strategie, die der Bundesrat in seinem Finanzleitbild vom 4. Oktober 1999 formuliert hat.

Take-away 23: Die bisherige Unfähigkeit der Schweiz, ihre Sozialwerke nachhaltig zu sichern, ist Beleg dafür, dass die Neigung auch der Schweizer Demokratie, Leistungen zuzusichern, die nicht finanziert sind, nicht besiegt ist.

Take-away 24: Die grosse Föderalismusreform NFA, deren Verfassungsgrundlage das Volk 2004 deutlich zustimmte, entsprach in hohem Masse der sechsten, siebten und achten Leitplanke. Sie hat sich grundsätzlich bewährt, auch wenn es noch Verbesserungsmöglichkeiten gibt. Allerdings setzte nach dieser Zäsur der Zentralisierungstrend ungebremst wieder ein. Das Bewusstsein für die staatspolitische Bedeutung des Föderalismus ist in der konkreten Politik kaum mehr spürbar. Damit erodiert ein Pfeiler des Erfolgsmodells Schweiz weiter.

Take-away 25: Politik verlangt langfristiges konzeptionelles und ordnungspolitisch sauberes Denken, wenn ein Land nachhaltig erfolgreich sein soll. An den Zielen muss stets beharrlich festgehalten werden, aber die Suche nach dem besten und gangbaren Weg zu den Zielen verlangt politische Flexibilität.

Take-away 26: Unerwartete und unvorhersehbare Ereignisse können über Nacht eine völlig neue Situation schaffen: Politische Wege erweisen sich unvermittelt als nicht mehr gangbar, Prioritätenordnungen werden fundamental umgestellt, politische Machtverhältnisse verändern sich grundlegend, das wirtschaftliche Umfeld wandelt sich oder was immer sonst noch geschehen mag. Es ist nicht möglich, auf jede Eventualität eine vorbereitete Antwort zu haben. Wer sich aber immer bewusst ist, dass solches geschehen kann, wird sich rascher auf die neue Situation einstellen können. Deshalb ist Denken in Alternativen nützlich, auch wenn die Alternative nicht wie gedacht eintritt.

Take-away 27: Zwei Aspekte sind in solch bewegtem Umfeld zu bedenken. Erstens sind gute Zeiten zu nutzen, um den Staat so zu strukturieren, dass man auch Schocks überleben kann. Das bedeutet in erster Linie, die guten Zeiten für die Konsolidierung der Finanzen zu nutzen. Zweitens dürfen auch während der Krisenbewältigung die langfristigen Prioritäten nicht aus den Augen verloren werden.

Leitplanken zur Schaffung wohlstandsbegünstigender Institutionen

Erste Leitplanke: *Der Staat darf den Menschen die Früchte ihrer Leistung nicht stehlen.*

Zweite Leitplanke: *Der Staat darf die stete Erneuerung nicht behindern, denn nur diese sichert Wohlstand auf Dauer.*

Dritte Leitplanke: *Die sozialen Unterschiede dürfen ein als fair wahrgenommenes Ausmass nicht übersteigen.*

Vierte Leitplanke: *Eine moderne Volkswirtschaft muss den Talentpool des ganzen Volkes erschliessen und nicht nur den einer finanzstarken oder oligarchischen Minderheit.*

Fünfte Leitplanke: *Die ökonomischen Institutionen müssen dem ordnungspolitischen Konzept der Marktwirtschaft entsprechen.*

Sechste Leitplanke: *Staatsaufgaben sollen gemäss Subsidiaritätsprinzip so tief wie möglich angesiedelt werden.*

Siebte Leitplanke: *Gemäss dem fiskalischen Äquivalenzprinzip sollen für die Erfüllung einer staatlichen Aufgabe Verantwortung, Entscheidung, Finanzierung, Vollzug und Nutzung der gleichen Ebene zugeordnet sein.*

Achte Leitplanke: *Weil innerhalb eines Staates zu grosse Wohlstandsunterschiede dessen Stabilität gefährden, muss der Föderalismus von einem Finanzausgleichssystem flankiert werden. Um Fehlanreize zu vermeiden oder mindestens zu mildern, muss die Messung des Ausgleichsbedarfs auf objektiven, nicht manipulierbaren ökonomischen Daten beruhen, sind den Nehmern zweckfreie Mittel zur Verfügung zu stellen, dürfen Anreiz- und Ausgleichssubventionen nicht vermischt werden und muss es im Interesse der Geber und Nehmer bleiben, die jeweilige Situation aus eigener Kraft zu verbessern.*

Neunte Leitplanke: *Für Staaten, Gliedstaaten und Kommunen sollten rechtlich verbindliche regelgebundene Insolvenzverfahren vorgesehen werden.*

Der Autor

Kaspar Villiger wurde am 5. Februar 1941 geboren. 1966 erwarb er an der ETHZ das Diplom als Maschineningenieur. Von 1966 bis 1989 führte er die Villiger Söhne AG, das Stammhaus der in der Schweiz und Deutschland tätigen Villiger-Gruppe. Zwischen 1972 und 1989 gehörte er als Mitglied der Freisinnig-Demokratischen Partei der Schweiz zuerst dem Grossrat des Kantons Luzern, anschliessend dem Nationalrat und schliesslich dem Ständerat an. 1989 wurde Kaspar Villiger in den Bundesrat gewählt, wo er zuerst das Eidgenössische Militärdepartement und nachher das Eidgenössische Finanzdepartement leitete. In den Jahren 1995 und 2002 war er Bundespräsident. Nach seinem Rücktritt 2003 gehörte Kaspar Villiger den Verwaltungsräten der Nestlé, der Swiss Re und der *Neuen Zürcher Zeitung* an, bis er 2009 für drei Jahre das Präsidium des Verwaltungsrates der UBS AG übernahm. Kaspar Villiger ist Mitglied der Global Leadership Foundation GLF und Chairman der UBS Foundation for Economics in Society.